本书系重庆市教委2019年度人文社会科学类研究项目"基于'精准扶贫'的高职院校'4354'精准资助工作机制探索与实践"（项目批准号：19SKGH261）、重庆市教育科学"十三五"规划课题"'五育并举'背景下高职院校心理健康教育"（项目批准号：2019-GX-169）成果

高职院校经管类专业学生管理研究

周世兵　杨作亚　童秀梅　著

西南财经大学出版社
Southwestern University of Finance & Economics Press

中国·成都

图书在版编目（CIP）数据

高职院校经管类专业学生管理研究/周世兵，杨作亚，童秀梅
著.—成都：西南财经大学出版社，2023.10
ISBN 978-7-5504-5207-7

Ⅰ.①高…　Ⅱ.①周…②杨…③童…　Ⅲ.①高等职业教育—
学生—学校管理—研究　Ⅳ.①G718.5

中国版本图书馆 CIP 数据核字（2021）第 241015 号

高职院校经管类专业学生管理研究

GAOZHI YUANXIAO JINGGUANLEI ZHUANYE XUESHENG GUANLI YANJIU

周世兵　杨作亚　童秀梅　著

策划编辑:王　琳
责任编辑:王　利
责任校对:植　苗
封面设计:张姗姗
责任印制:朱曼丽

出版发行	西南财经大学出版社(四川省成都市光华村街 55 号)
网　　址	http://cbs.swufe.edu.cn
电子邮件	bookcj@swufe.edu.cn
邮政编码	610074
电　　话	028-87353785
照　　排	四川胜翔数码印务设计有限公司
印　　刷	郫县犀浦印刷厂
成品尺寸	170mm×240mm
印　　张	10.5
字　　数	176 千字
版　　次	2023 年 10 月第 1 版
印　　次	2023 年 10 月第 1 次印刷
书　　号	ISBN 978-7-5504-5207-7
定　　价	68.00 元

前　言

高校学生辅导员是开展大学生思想政治教育工作的中坚力量，与学生直接面对面，对学生的成长成才有着非常重要的影响。加强大学生日常思想政治教育工作，必须有一支政治强、业务精、纪律严、作风正的高素质辅导员队伍。没有高素质的辅导员队伍，就没有高质量的日常思想政治教育工作。加强大学生日常思想政治教育的重要抓手在于辅导员，高等学校必须把辅导员队伍建设放在学校工作的重要位置上。辅导员学生管理工作是高等学校进行思想政治教育的重要内容，在思想引领、党团和班级建设、职业生涯规划与就业指导、学风建设、危机应对、心理疏导和日常事务管理中发挥着重要的作用。

切实加强大学生思想政治教育、全面提高教育质量，是新时代高等教育科学发展的必然要求，也是办人民满意教育的客观需要。全心全意地依靠辅导员队伍，坚定不移地做好辅导员队伍建设工作，才能完成提高高等教育质量的历史使命，才能培养全面发展的大学生，才能办好让人民满意的高等教育。目前我国高职院校辅导员工作的开展还不成熟，在学风建设、危机应对、心理疏导、日常事务管理等诸多方面存在一定的问题。在本书中，来自一线的专职辅导员将自己在工作实践中的真实案例整理出来，通过对案例的分析，对工作思路、工作步骤和工作结果进行梳理，得出了相关的经验与启示。他们希望以此形式与同行的其他辅导员分享和交流工作中的经验和心得，进而开阔学生管理工作视野，提高学生管理工作能力。

本书以高职院校学生管理工作中存在的问题为基点，研究了影响我国高职院校学生管理的内外部原因，并提出有针对性的应对措施，以期能改进学生教育管理工作，促进学生个体的发展。高职院校学生个体成长会受到所处环境的影响，比如教师关怀和其感知的社会环境等。换言之，学生的成长成才不仅仅源于其自身内在因素，还源于其与所处学习环境之间的交互。首先，本书从我国高职院校学生教育的发展历史与当前存在的问题入手，分析了高职院校学生管理工作的内部运行机制、高职院校学生管理工作的现状，以及工作中存在的主要问题及问题产生的原因；接着结合辅导员工作案例开展研究，从中得出相应的启示；最后，探讨增强我国高职院校学生教育管理工作实效的内外部对策。

本书由重庆城市管理职业学院周世兵、杨作亚、童秀梅著。第一章、第二章、第四章由周世兵撰写，第三章由周世兵、杨作亚、童秀梅共同撰写。诸多案例及其反映的现象对从事辅导员工作的教师会有很大的启示，对于研究思想政治教育的理论工作者也具有重要的研究价值和参考价值。

本书系重庆市教委 2019 年度人文社会科学类研究项目"基于'精准扶贫'的高职院校'4354'精准资助工作机制探索与实践"（项目批准号：19SKGH261）、重庆市教育科学"十三五"规划课题"'五育并举'背景下高职院校心理健康教育"（项目批准号：2019-GX-169）的阶段性研究成果。

由于笔者水平有限，加之时间仓促，书中难免存在不足和错误，恳请读者批评指正。

周世兵

2023 年 5 月

目　录

第一章 绪论

习近平总书记在全国高校思想政治工作会议上强调①，"要坚持把立德树人作为中心环节，把思想政治工作贯穿教育教学全过程，实现全程育人、全方位育人"，由此确立了我国高校"大思政"工作理念，为发展高等教育事业指明了行动的方向。高职院校学生管理工作质量直接关系到高职教育的发展和办学质量的提高，要在"大思政"理念下积极探索和创新学生管理工作方法，提高管理和育人水平，为社会培养更多高水平复合型人才。

本书旨在分析高职院校学生教育管理现状及存在的问题，以高职院校经管类专业学生教育管理为例，以辅导员的视角对案例进行呈现、分析，对工作思路、工作步骤和工作结果进行梳理，并得出经验和启示。

第一节 问题的提出

选择高职院校经管类专业学生管理这样一个问题作为本书的研究主题，主要是源于对高职院校学生教育管理中存在的种种问题的思考，这种种思考都聚集于一点，就是对高职院校辅导员如何做好学生管理工作的关注。

概括起来讲，目前我国高职院校学生管理工作中存在的问题主要表现为：

（1）随着高职院校自主招生、对口招生、社会招生等招生方式的多样化，高职院校入学门槛降低，从而导致生源质量下降，存在以下特点：

---

① 中华人民共和国教育部政府门户网站. 习近平：把思想政治工作贯穿教育教学全过程[EB/OL].http://www.moe.gov.cn/jyb_xwfb/s6052/moe_838/201612/t20161208_291306.html.

①高职院校学生学习基础薄弱、学习主动性较差。部分学生没有很强的学习动机和明确的学习目标，主动学习能力较差。②高职院校学生自我意识较强，集体观念淡薄。高职院校学生为人处事有时不能顾及他人的感受，经常以自我为中心，不善于接纳他人。③高职院校学生价值取向功利化。高职院校学生政治信仰的主流是积极健康的，但主流的背后也存在着一定程度的政治信仰多元化，信仰模糊、迷茫及弱化，价值取向功利化等问题。④高职院校学生自律自控性差。部分高职院校学生在日常学习与生活中表现出心浮气躁、急功近利和目光短浅的人生态度，加之知识理论基础差，沟通能力弱，做事主动性、自律意识欠缺，缺乏上进心，无形之中增加了高职院校学生思想政治教育与学生常规教育管理的难度。

（2）高职院校管理理念滞后，管理水平有待提高。部分高职院校管理者对学生管理工作的重要性认识不足，习惯于使用传统的管理模式，不能适应新时代的要求。目前，高职院校学生中主体是00后，他们这一代人的成长有自己特有的社会和家庭背景，这就要求高职院校加强学生个性发展研究，有针对性地实施个性化管理。然而在现实的学生管理中，不少高职院校辅导员仍然习惯沿用传统的管理理念和方式方法来要求和约束学生，要求学生按照规定一成不变地执行，重管理轻引导，没有建立起有效的指导、沟通和服务机制，忽视学生的真正需求和自主能力的培养，导致学生不能理解管理工作的意义，产生逆反心理。

（3）管理主体单一，未做到融合育人。做好高职院校学生管理工作，管理主体的作用至关重要。在"三全育人"理念指导下，要求高职院校学生管理工作构建起党政机关、职能部门、专任教师、辅导员、班主任、公寓生活教师以及大学生多方参与、合作管理的新型工作机制。但在现实中，学生管理主体较为单一，没有真正构建起全员育人、全程育人、全方位育人"三全育人"工作格局，学校领导强调"放权""谁家的孩子谁家管"，学生处、安全管理处、校团委等职能部门则多只负责发号施令、上传下达，专任教师只教不管，学生被动接收管理指令，辅导员成为学生管理的唯一责任人。不少辅导员除了常规学生管理工作外，还承担了大量的学院管理工作，由于时间和精力有限，难以达到学生管理工作的理想状态，难以落实立德树人根本任务。

高校辅导员是开展大学生思想政治教育的骨干力量，与学生直接面对面，对学生的成长成才有重要的影响。加强大学生日常思想政治教育必须有一支政治强、业务精、纪律严、作风正的高素质辅导员队伍。没有高素质的辅导员队伍，就没有高质量的日常思想政治教育工作。加强大学生日常思想政治教育的重要抓手在辅导员，必须把辅导员队伍建设放在学校工作的重要位置上。辅导员工作是高等学校进行思想政治教育的重要形式，辅导员在思想引领、党团和班级建设、职业生涯规划与就业指导、学风建设、危机应对、心理疏导和日常事务管理中发挥着重要的作用。

切实加强大学生思想政治教育，全面提高教育质量，是新时代高等教育科学发展的必然要求，也是办人民满意教育的客观需要。全心全意地依靠辅导员队伍，坚定不移地做好辅导员队伍建设工作，才能圆满完成提高高等教育质量的历史使命，才能培养全面发展的大学生，才能办好让人民满意的高等教育。目前我国高职院校辅导员工作的开展还不成熟，在学风建设、危机应对、心理疏导、日常事务管理等诸多方面仍存在一定的问题。

综上所述，我国高职院校学生管理工作中存在着许多问题，学生管理工作队伍建设亟待加强，加强高职院校学生管理工作研究十分重要，也十分迫切。

第二节　相关研究现状

近年来，国家大力支持职业教育发展，我国高职院校在校学生规模不断扩大。据统计，2019 年，我国大学生在校人数 3 833 万，全国各类高校 2 663 所，其中高职院校 1 418 所。2020 年底，全国共有普通高校 2 738 所。其中，本科院校 1 270 所（含本科层次职业院校 21 所）；高职（专科）院校 1 468 所。2021 年，我国大学生在校人数 4 430 万，全国各类高校 3 012 所，其中高职院校 1 486 所。2022 年，我国大学生在校人数 4 655 万，全国各类高校 3 013 所，其中高职院校 1 489 所。在高职院校中，经济管理类（简称"经管类"）专业设置门槛较低，高等职业院校大都开设了经管类专业，出于学校综合办学的需要，经管类专业招生规模较大，发展速度较快。与经管类专业在校学生规模急速扩大相对应的是经管类专业毕业生普遍存在初次就业质量不高的现象。调查研究表明，经管类专业工作岗位技术性难度不高，用人单位能给出的薪资待遇偏低，学生自身存在

"眼高手低"又缺乏个人竞争力的问题，导致高职院校经管类专业学生在就业市场上面临的竞争压力较大。有部分学生初次就业的岗位和待遇与高中毕业生相当，有的经管类毕业生几年后还在同样的岗位工作，职业发展前景渺茫。高职院校经管类专业学生主要存在以下几个方面问题：

（1）抗压能力不强。高职院校学生群体个性鲜明，缺乏一定的抗压能力，心理不成熟，学习较情绪化，对于理论性较强的知识点学习效率较低，对于自己感兴趣的知识学习积极性较高。高职院校学生大部分来自农村，受到的基础教育相对薄弱，在应试教育背景下，学校更重视知识的传授，而忽视了学生综合素质的培养，导致现阶段高职院校学生普遍缺乏职业核心素养、综合素质不高。

（2）网络信息冲击。随着智能手机的出现与普及，学生在课堂上玩手机的现象较为普遍。教师讲课中难免存在枯燥乏味的时候，上课期间玩手机的学生较多。这种情况给高职院校教学管理造成了很大的阻碍，助长了学生的不良学风，这对学生知识的获取是没有任何好处的。智能手机的出现是人际交往的一次革新。智能手机可以安装很多 App，例如 QQ、微信等聊天软件。这些聊天软件是他们表现自我的重要渠道。这种聊天软件虽然方便了人与人的交流，但是也引发了很多问题，比如网恋、沉迷网络游戏、遭遇网络诈骗……还有一个严重的情况，就是 21 世纪的今天又出现了一个新的疑难杂症——手机综合症①。智能手机的使用在高职院校学生中越来越普遍，越来越多的高职院校学生得了"手机综合征"。久而久之，学生的身心健康就会受到严重的影响。网络和手机是当代大学生离不开的工具，给教育带来了新的挑战，网络中的资源让学生的学习方式更加多元化，但互联网时代信息大爆炸，网上信息鱼龙混杂，垃圾信息、低俗不良信息泛滥，"浅阅读""碎片化"的阅读方式不断影响着当代大学生的思想认知与价值观，学生在现实世界中的沟通交流变少，很容易导致其内心空虚，从而引发一系列心理问题。

---

① 手机综合症是指一个人在日常生活中对手机的依赖程度很高，从而造成的各种突出问题，其内涵和外延都很复杂，而且正在形成全球性的问题，需要认真对待。"手机综合症"主要表现为一个人对手机产生了很强的依赖心理。一些性格比较孤僻、自卑，缺乏自信的人，常希望通过手机来减轻自己的孤独感或者获取心理支持。症状一：在一段时间内没有听到手机铃声响起，便会烦躁不安，情绪低落，同时伴有间歇性呓语。症状二：幻听。症状三：离开手机便坐立难安，似乎心里少了点什么，空荡荡的，十分难受，又像是错过了什么，感到莫名的焦虑，以至于无法全身心投入到手上和身边的事情中。症状四：常常边走路边接发短信息，不顾自身行走安全。

（3）就业认知片面。高职院校学生选择经济管理类专业就读，是认为经管类专业学生毕业后能够出入高档写字楼，拥有较高收入，白领形象深深印入学生们的心中。经管类学生把大学学习作为以后谋生的手段、追求经济物质的工具，却忽视了自身实际操作能力和综合能力的提升。高职院校经济管理类专业的学生存在一定的误区，在就业过程中存在好高骛远的情况，就业市场上的结构性供求不平衡，也给经管类专业学生的就业带来了困难。

（4）缺乏明确的学习目标。经管类专业学生缺乏明确的学习目标，主要源于以下几个原因：一是很多高职院校学生的高考成绩并不高，甚至有一部分同学对学习本来就没什么兴趣，到了大学自然也不会制定明确的学习目标；二是受社会一些负面言论的影响，觉得学习无用；三是没有制定切合实际的职业生涯规划，部分学生对自己的职业生涯没有任何想法，对自己的学习生涯也没有计划，"过一天算一天，混到毕业"。

（5）学习动力不足。经管类专业的培养目标一般是企业的管理人才，但是，高职院校毕业生的求职现状是，绝大部分毕业生在毕业时并不能进入企业的管理层，一般只能从事最基层的服务员、文员、业务员、前台等工作。这与学生的心理预期差距较大，导致部分学生缺乏长远的个人规划，对学习缺乏认同感，从而丧失学习的兴趣。还有一部分学生片面重视社会经验，放松专业学习，宁愿选择旷课去打工以积累社会经验，还能赚取一定收入。在这部分学生中，有的社交能力较强。但是这是一种短视的做法。学生就读高职院校，更多的是囿于学业成绩的被动选择，满意度自然不可能很高。再者，社会上有许多人对高职教育存在偏见，认为高职教育是低层次教育。这些原因导致高职院校学生对所就读的学校自信心不足，对毕业后的就业前景信心也不足。

（6）自控能力差。高职院校学生在高中阶段大多是成绩不太好的学生，学习的专注能力比较差，容易受外界环境干扰，学习的意志力不够坚定。再加上进入高校后，学校的管理相对于高中而言比较宽松，学生的自由时间和空间越来越多，部分学生越来越管不住自己。另外，随着网络的发达与普及，虚拟世界对学生的诱惑力非常大，部分学生沉迷于网络无法自拔，几乎每个学校都有一些不惜旷课去终日上网、玩游戏的学生。

（7）学习方法欠佳。经管类专业学生一般来自文科班，死记硬背是很多学生最主要的学习方法。进入高职院校后，面对专业课程的学习，很多学生发现死记硬背已经没有多大作用了，更多的需要操作能力、创造能力以及团队协作能力等，有些学生还没有找到提高这些能力的方法，显得有点无所适从。另外，随着社会的发展，教学手段和方式越来越现代化、立体化，信息化教学越来越普及，对学生的自主学习能力提出了更高的要求。有些学生习惯了"填鸭式"教学，只愿意被动地学习，不能适应这种现代化的教学模式，自主学习能力不强，达不到教学要求。

（8）缺乏想象力和创新能力。部分经管类专业学生以为自己不需要做技术开发，所以不需要创造力，再加上就业时普遍职位不高，只认同照章办事和唯命是从，没有在学习中有意识地培养自己创造性地解决问题的能力。也有部分教师在教学中仍然采用"填鸭式"教学，只要求学生跟着自己接收知识，没有开发学生的创造力和想象力，也不允许学生对自己的教学质疑，这必然会压抑学生的创造性。同时，网络的普及也扼杀了部分学生的创造性，遇到问题就找"度娘"，复制+粘贴是很多学生完成课堂作业的不二法宝。长此以往，学生的创造力和想象力就被磨灭了。

高职院校经管类专业学生是高职院校学生群体的重要组成部分。对于广大高职院校的管理者和教育者来说，不仅要重视高职院校经管类专业学生的学业成就，更要重视经管类专业学生的心理健康、职业生涯规划、综合素质培养等问题，要尝试以各种途径来提高经管类专业学生的综合能力，才能真正实现高职教育的培养目标。对高职院校经管类专业学生的培养，应结合社会需求和学生自身发展需要，努力提升高职院校经管类专业学生的核心素养。

第三节　研究的意义

本书具有如下两方面的意义：

（1）理论意义。梳理我国高职院校学生管理工作的发展历程，我们会发现，我国高职院校的学生管理工作大多依靠政府行政命令推进，有些是借鉴国外模式，有些是凭借经验，有些是借用普通本科或专科的学生管理工作模式，没有形成促进学生生存与发展的系统理论。本书借用自我决定动机理论，基于"基本心理需求理论"这一出发点，探讨我国高职院校学生管理工作的内在机理，力求对高职院校学生管理工作理论建设有所贡献。

（2）实践意义。本书通过列举众多详细案例，对高职院校经管类专业学生管理工作进行了详细分析，阐述了工作中所要面临的种种问题及其解决措施，具体探究了如何创新高职院校经管类专业学生管理方法，并以此为依据来指导后续高职院校经管类专业学生管理工作创新开展。

第四节　研究思路和研究方法

一、研究思路

从社会认知视角出发，学生个体成长会受所处社会环境的影响，比如教师关怀和其感知的环境氛围等。换言之，学生的成长成才不仅仅源于内在，还源于其与所处学习环境（如课堂环境）之间的交互。在社会认知视角下，得到广泛应用的动机理论主要有自我决定动机理论、社会认知理论、期望价值理论和成就目标理论。从我国高职院校学生教育的历史发展与当前存在的问题入手，本书分析了高职院校学生管理工作的现状，分析其中存在的主要问题以及问题产生的原因；接着结合辅导员工作案例实际，从中得出相应的启示；最后，探讨增强我国高职院校学生管理工作实效的内外部对策。

二、研究方法

（1）历史描述与分析方法：对我国高职教育的历史发展过程进行描述。

（2）比较研究法：通过比较和借鉴欧美一些国家高职院校学生管理的先进经验，分析我国目前高职院校经管类专业学生管理的现状、问题以及产生问题的原因。

（3）案例研究法：主要选取辅导员在学生管理工作中对学业困难学生的帮扶、学生干部管理、家庭经济困难学生管理、学生心理管理、职业生涯规划管理等方面比较成功的案例，针对高职院校经管类专业学生管理案例的具体情况、解决措施、学生管理的总体特征以及学生管理取得的成果进行分析。

第二章 高职院校学生管理研究基础知识

我国拥有世界上规模最大的职业教育体系，中等和高等职业教育招生和在校生规模分别占我国高中阶段教育和高等教育的半壁江山。

第一节 学生管理工作制度发展历程

一、学生管理工作制度的初步建立阶段（新中国成立初期—20 世纪 70 年代末）

1949 年底，我国各类职业学校加在一起，在校生仅 30 万人。20 世纪 50 年代，中国开始学习苏联的工业化进程，为了快速填补人才缺口，国家把重心放在培养周期短、人才实用性强的中等职业教育上。中央和地方的工业、交通、农林、财贸等国民经济主管部门，创办了一批中等专业技术学校，培养技术干部和管理干部。劳动部门所属的企业建立技工学校，培养面向生产一线的技术工人。经过几年的建设，一批近代中国所没有的中等地质、矿业、电机电器、铁路交通等学校建立起来。然而，当时的政治形势是"大干快上"，人才培养的速度仍难以满足需求。1958 年，一种新的教育模式——"半工半读"学校率先在天津国棉一厂出现。这种"半天劳动、半天学习"的模式，在城市和乡村广泛开展。在当时的条件下，这种方式让更多人有了受教育、学技能的机会，扩大了职业教育的覆盖面。到 1965 年，我国已有中等职业学校 7 294 所，在校生 126.65 万人，占当时高中阶段学生总数的 53.2%。20 世纪 70 年代，我国的高校开始对在校学生加强思想政治教育，学生管理工作也日益被重视起来，一般来说，领导班子中有一人专门负责学生的思想政治教育工作，并且有专人负责各系学生管理工作。学生管理者的主要任务是：落实学生的思想政治教育，树立良好学风并制定相关学习纪律，积极开展党团组织活动，认真落实助学金、补助补贴的发放工作。

二、学生管理工作制度的缓慢发展与调整阶段（改革开放初期—20世纪80年代）

职业教育的再度恢复是改革开放以后。随着全党和全国的工作重心转移到经济建设上来，各条战线都痛感人才匮乏。但同时，学校培养出来的不少人才又因不合实际需要而形成大量积压。数据显示，1978年，我国中等职业学校在校生仅占高中阶段学生总数的7.6%，中等教育结构严重失衡。自从1977年恢复高考制度后，国家提出了新的高等教育目标，指出我国需要大力培养坚持社会主义又红又专道路、具有专业知识、德智体全面发展的新型人才。在20世纪70年代末80年代初，为了贯彻国家新的教育方针，全国各个高校先后成立了负责学生思想政治教育工作的专门机构，比如"党委学生部""党委青年部"。此时学生部的主要任务是专门对在校学生加强思想政治教育，认真分析他们的思想动态和发展趋势，关注思想政治教育相关对策的制定，为党团组织注入新鲜血液，并且要正确指导学生开展社团工作。

1985年颁布的《中共中央关于教育体制改革的决定》在论述"中等教育结构调整"时，通篇只说了一件事——发展职业教育。该决定对职业教育体系有明确阐释，提出"逐步建立起一个从初级到高级、行业配套、结构合理又能与普通教育相互沟通的职业技术教育体系"。这一布局思想影响至今。20世纪80年代，全国的招生规模不断扩大，学生管理工作不断趋向正规化，同时也滋生了一些新的问题。与此同时，高校不得不针对具体的情况新增一些行政事务工作，因此大部分的高校通过把原先的党委学生部与学生处（有的称"学生科"）合并的方式成立了学生工作部（处），加大了对高校学生行政管理事务工作的重视，实现了二元结构向一元结构的转变。随着学生工作部（处）工作的逐步完善和推进，各高校相继设立了毕业生分配办公室，把重要的毕业生分配工作划归学生工作部（处），基本解决了毕业生分配与毕业生教育脱节的情况，有力地推进了严格把住出口关、规范学生行为、促进教育管理的工作进程。

三、学生管理工作步入新的发展阶段（20 世纪 90 年代—21 世纪初）

在以政企分开、企业减负增效为背景的 20 世纪 90 年代，随着劳动人事制度改革、企业教育职能剥离的推进，加之尚处于中低端生产的企业无力为技术工人提供优厚待遇，职业教育的吸引力下滑。与此同时，知识经济大潮席卷全球，高等教育快速发展，从另一头对传统职业教育形成冲击。1996 年，《中华人民共和国职业教育法》正式颁布，以法律的形式明确了职业教育的地位、体系构成以及政府和有关方面在发展职业教育中的责任。国家开始寻求新的突破，将发展高等职业教育提上议事日程，并开始着重加强质量提升和内涵建设。1999 年 6 月，《中共中央 国务院关于深化教育改革 全面推进素质教育的决定》首次明确提出："要大力发展高等职业教育，培养一大批具有必要理论知识和较强的实践能力，生产、建设、管理、服务第一线和农村急需的专门人才。"此后短短十几年，我国高等职业教育院校的数量从几十所增加到 1 400 余所。

20 世纪 90 年代，学生管理工作又一次做了适当的调整，在校学生助学体系和毕业生自主择业体系应运而生。在新形势下，学生管理工作的职能不得不发生转变，由管好管住向服务渗透推进。为了真正在学生成才、就业、生活等方面发挥好助推作用，各高校相继成立了毕业生管理办公室、心理咨询中心、资助中心，比如，将招生划归学生工作处，成立了学生工作指导委员会，将学生宿舍管理划归学生工作处，等等。随着社会主义市场经济的迅猛发展，高等教育趋向普及，高校学生管理工作步入新的发展阶段，并逐步发展成当前的工作模式：我国多数高校的学生管理工作采取校院（系）二级管理模式。通常由校党委副书记、副校长分管学生管理工作。在校党委的领导下，设有学生工作部，在校行政的领导下，设有学生工作处，二者实行合署办公。校内各教学院（系）一般都设有党总支副书记，由其分管学生管理工作，具体负责各项学生管理工作事务。各党总支设有党总支秘书和团总支书记，配备辅导员和班主任。学生管理工作涵盖面非常广泛，不仅包括大学生思想政治教育及学生日常管理工作，还包括成长成才咨询、心理健康教育、就业指导、助学扶贫等。

四、新时代高职院校学生管理工作

面对我国产业转型升级的需求，2014 年，中央召开全国职业教育工作会议，习近平总书记做出重要批示："职业教育是国民教育体系和人力资源开发的重要组成部分，是广大青年打开通往成功成才大门的重要途径，肩负着培养多样化人才、传承技术技能、促进就业创业的重要职责，必须高度重视、加快发展。"① 国务院颁布《关于加快发展现代职业教育的决定》，提出建立产教深度融合、中职高职衔接、职业教育与普通教育相互沟通的现代职业教育体系。建立高职院校生均拨款制度，与本科生享受同等待遇。2018 年，习近平总书记亲自主持中央深化改革领导小组会议并审议通过《国家职业教育改革实施方案》。这份文件开宗明义地指出："职业教育与普通教育是两种不同教育类型，具有同等重要地位。"一系列制度设计给职业教育注入了底气。在纵向上，在职业教育体系里，有中职、高职、本科直至专业硕士和博士；在横向上，有产教融合、学历证书与职业技能等级证书。职业教育不再低人一等，而是并列存在的一条上升通道。

为深入贯彻落实全国高校思想政治工作会议精神，2017 年，教育部颁布《普通高等学校辅导员队伍建设规定》（简称"43 号令"），明确了辅导员作为高校思想政治教育骨干力量，负责组织、实施和指导大学生日常思想政治教育和管理工作，是学生成长道路上的人生导师，也是学生健康生活中的知心朋友。"43 号令"作为辅导员制度的重要组成部分，强调要加强高校辅导员队伍专业化职业化建设。当前，高校辅导员主要从事思想政治教育工作，其工作成效关乎我国高等教育质量，是社会各界关注的焦点之一。

第二节　高职院校学生管理有关理论

依照我国高校学生管理实际，同时比照国外管理实践经验，高校学生管理的有关理论主要有人本管理理论、过程型激励理论、自我决定动机理论等。

一、人本管理理论

长期以来，作为马克思主义的根本属性以及科学发展观的本质内涵，

---

① 央广网. 第一观察｜这件事在总书记心中"前途广阔、大有可为！"［EB/OL］. http：//news. cnr. cn/native/gd/20210414/t20210414_ 525461824. shtml.

我们始终坚持以人为本的思想。从历史唯物主义角度出发，"以人为本"中的"人"是自由、平等、公平并能实现全面协调和谐发展的人，是个人、整体相互和谐一致的现实中的人。中国共产党的根本宗旨是全心全意为人民服务，而长期以来，我党始终代表中国最广大人民群众的根本利益，这也要求高职院校自始至终走"以生为本"的道路，坚定不移地把"以生为本"作为学校发展的最高价值导向，这是新时代背景下，我党新的发展观所着重强调的。这就要求平等待人、礼貌对人、信任他人，即应把追求学生的全方位发展、推进学生的全方位进步作为学生管理工作的基本着眼点。知识经济时代的到来也召唤产生一种新的与现代管理相适应的观念，而以人为本的管理思想应运而生，这也凸显了新时代人们对人的自我价值的承认以及人的自我理念的提升。

把"以生为本"的思想运用到学校管理中来，便衍生出了学校人本管理理念，这是新时代素质教育工程所应探索的一种完美校园管理机制。作为一种核心文化价值理念，"以生为本"的管理理念应该融入学校各项学生教育管理工作中。在高校学生管理工作中，应当自始至终坚定不移地保证"以生为本"，即始终保障学生的本体地位，始终把学生的成长成才作为学校一切工作的出发点和着力点，从根源上推进高校学生管理能力的提升，促进学生德智体美劳"五育"融合发展。

二、过程型激励理论

经典激励理论总括来看可分成三类：一是需要型激励理论，该门派的集大成者有需要层次理论的提出者美国心理学家马斯洛、双因素理论的提出者弗里德里克和成就需要理论的提出者戴维·麦克利兰；二是过程型激励理论，该门派代表人物有期望理论的创建者弗罗姆、目标设置理论的创建者洛克和休斯以及公平理论的创建者亚当斯；三是行为改造型激励理论，该理论的集大成者有强化理论的创立者美国心理学家斯金纳和挫折理论的创立者亚当斯。本书研究中主要应用的是过程型激励理论。

（1）弗罗姆的期望理论。曾经轰动学术界的期望理论是由美国心理学家维克多·弗罗姆在 1964 年发表的著作《工作与激励》中提出来的。作为过程型激励理论的集大成者，弗罗姆教授指出，激励人达成目标的行为动力源自人的期望。人之所以愿意致力于某项工作并达到目标，是因为这些工作和组织目标能帮助他们达成自己的目标，满足自己某方面的需求，而某一活动对某人的激励力量取决于人所能得到结果的全部预期价值乘以他认为达成该结果的期望概率。一个人若是认为奋斗目标能够实现，他会在工作中投入更多精力和心血；若是不俗的业绩给组织带来奖励的概率越大，则职工情愿投入的心血也越多；假如某一个体认为某项荣誉对其具有极高的价值，同时他也十分想要获得这份荣誉，则其花的工夫也会越多，而与此相对应，假如这份荣誉并非该个体所渴望的，则他尽力而为的可能性就不大。

（2）目标设置理论。在弗洛姆之后，美国管理学家 E. 洛克和休斯等人又提出了目标设置理论。从总体来看，该理论主要有三个要点：①目标难度系数。目标应当具有较高难度。那些不费吹灰之力、唾手可得的目标毫无挑战性可言，无法激起人的斗志，其鞭策效应自然也就不明显。当然，那种令人望尘莫及的目标也会令人望而却步，同样也会丧失其激励作用。所以，应当把目标的难度系数控制在一定范围以内，既要有一定难度，又不能超出人的承受范围。②目标的明确性。目标应明确、清晰、量化、具体，那些类似于"尽可能做好""好好工作"等模糊抽象的目标，激励效用甚微。而一个科学合理、具有可量化可测性的具体目标，则能让人具备明晰的努力方向，并认清自身不足，这才能有效起到激励作用。③目标的可接受性。一个人只有接纳了组织目标，并与其自身的个人目标结合，目标才能起到激励作用。因此，与其让管理者把组织目标强行施加到员工身上，不如让员工共同参与组织目标的拟定，这不仅能提升目标的可接纳度，也能让员工将完成目标视为己任，由此实现目标的激励效用。

（3）公平理论。公平理论是美国行为科学家斯塔西·亚当斯在《工人关于工资不公平的内心冲突同其生产率的关系》（1962，与罗森合写）、《工资不公平对工作质量的影响》（1964，与雅各布森合写）、《社会交换中的不公平》（1965）等著作中提出来的一种激励理论。该理论侧重于研究工资报酬分配的合理性、公平性及其对职工生产积极性的影响。公平理论指出：人的工作积极性不只是与个人实际报酬多少有关，更与人们对报酬的分配是否感到公平关系密切。人们总会自觉或不自觉地将自己付出的劳动代价及其所得到的报酬与他人进行比较，并对公平与否做出判断。公平感将直接影响职工的工作动机和工作业绩。因此，从某种意义上来讲，动机的激发过程实际上是人与人进行比较，做出公平与否的判断，并据以指导行为的过程。公平理论研究的主要内容是职工报酬分配的合理性、公平性及其对职工生产积极性的影响。高校大学生因为自身成长环境的特殊性，呈现出很多新的特点，比如心理素质较差、实践能力较弱等，需要以正反两方面的奖惩来进行教育和引导。另外，在高校学生管理工作中，除了学生是主体，在管理过程中需要被认可和激励以外，高校辅导员和学生一样是主体，也希望自己被公平对待，并且在工作出现倦怠情绪的时候，需要得到肯定和支持。由此，过程型激励理论应当成为一项基本管理理论，并在当前的高校学生管理工作过程中大力推广。

三、自我决定动机理论

自我决定动机理论是一个关于个体动机、情感和人格品质的元理论，它关注的是个体行为的归因。在该理论中，动机被认为是人类社会健康运转的核心要素。依据感知的自主程度的不同，个体动机可被划分为内在动机、外在动机和无动机这三种类型。当感知的自主程度高时，个体的行为是自我决定的并且能够反映出自身的价值观念和兴趣爱好。也就是说，在这种情况下，个体是行为的发起者，并且行为归因是内在的，也就是受内在动机驱使。自我决定动机理论认为内在动机是普遍存在的，对所有个体的发展都至关重要。

Ryan 和 Deci 指出，自出生之日起，人类在最健康的状态下会是积极主动的、充满好奇心的、富有求知欲望并且是幽默的。不论何时何处，他们都会表现出学习和探索的欲望，并且无须外在的激励与刺激。相反，当感知的自主程度不高时，个体的行为是由外在因素引起的，比如有形奖励或有影响力的其他个体行为。在这种情况下，个体不是自身行为的发起者，其行为的归因是外在的，也就是受外在动机驱使。自我决定动机理论认为，当受外在动机激励时，个体的内在行为动机会减弱。此外，该理论还认为在外部因素的激励下，个体也可以表现出内在导向行为，并将这一过程称为动机内化。Ryan 和 Deci 认为无动机是个体无法识别出自身行为与行为结果之间的关系的一种心理状态。

依据基本心理需要理论，个体普遍具有三类基本需要：自主的需要、关系的需要和能力的需要。基本心理需要理论认为，人类先天就有自我管理行为的倾向，自主是机体健康运转的一个必要条件。当个体感到自身为某个选择和决策的发起者并且自身行为与自我感觉一致时，其自主的需要得到了满足。自主需要的满足通常带来自主的动机，并引发适应性的个体行为；相反，自主动机的降低则会引起控制性动机及非适应性的个体行为。当个体感到自身动机得到有效实施时，其内在的需要也得到了满足。

自我决定动机理论认为社会环境可以支持或挫败个体基本心理需要的满足，进而对个体的行为动机产生影响。对基本需要满足进行支持的社会环境会促进个体自主性的行为调节、提升参与的愉悦感。具体到学业成长方面，当学校环境对学生的基本心理需要进行支持时，学生在学习与生活中将会体验到更大的自主性、归属感和胜任感。在这种情况下，学生将会有更高水平的学业表现，遇到困难或挑战时更可能会坚持。学生行为发生在一定的社会环境中，当学生从环境中感知到胜任感、自主性和归属感时，其内在动机会被激发，这会促使他投入到学习任务中并取得良好的学习成绩。

在学校环境中，高校教师对学生动机和行为产生最主要的影响。因此，自我决定动机理论为理解教师支持对大学生学习成长的影响提供了较好的理论框架。教师的情感支持对学生基本心理需要满足的影响作用最直接也最重要。现有的大量研究表明，教师支持尤其是教师对学生自主性的支持，能够促进学生基本心理需要的满足、内在动机的形成、积极的情绪体验、学业成绩的取得和学业的持续进步。

第三节 国外相关研究现状——以德国为例

近年来，高等职业教育的办学规模不断扩大，且办学水平有了较大的提升，职业教育的发展规模已经逐渐占据了中国高等教育的半壁江山。我国的职业教育成绩斐然，独立设置的成人高校、高职高专、本科院校的职业技术教育学院、成人教育学院和民办高等教育学院等综合发展模式已见雏形，其中有部分高等职业教育院校发展非常迅速，已经赢得了社会的广泛认可。但是仍需清醒地意识到其存在的不足以及面临的问题，如政策空泛、管理缺失、经费投入不足、制度执行不彻底、办学没有特色等问题，这些存在的不足和问题是目前制约我国高等职业教育发展的主要障碍。高职院校需要对这些问题认真思考研究并制定相应的有效对策加以解决。高职院校学生管理工作的成效对高职院校的稳定发展、人才培养等有重大的影响，做好高职院校学生管理工作至关重要。无论是 20 世纪 80 年代的职业大学还是 90 年代才兴起的高职院校，办学时间都比较短，许多高职院校仍然将主要精力放在专业设置、课程改革、专业教师队伍建设这几个方面，而在高职院校学生管理工作方面的投入则稍显薄弱。因此，探索适宜高职院校学生管理工作的指导理念，尽快实现高职院校学生教育管理机制的跨越式转变，构建一个符合高职院校学生特点、适应其个性化发展要求的学生教育管理长效机制，是一个亟待完成的重要任务。

以美国为代表的国外高职院校的学生管理模式，经历了家长代理制—学生人事工作—学生服务—学生发展四个阶段，其学生管理的指导思想是培养学生健全的人格，工作范围涉及学生品德、学生生活、学生学业等各个方面，以学生为管理工作的本位，重视学生的天赋和需要。以澳大利亚为代表的国外高职院校的学生管理模式，首先，在相关政策制定方面，坚持协调性原则，使相关政策做到融通互补；其次，为了保证政策的实施成效，坚持灵活性原则，实时调整；最后，需要特别强调的是，学生必须对自己负责，自行支付相关费用。

1978 年底，中国开始实行改革开放政策，国家将政府工作的重心转移到经济建设上来。高速发展的中国现代化事业，急需大批生产、管理与服务一线的专门人才。担负人才培养任务的教育部，不失时机地开展了职业教育的对外交流与合作。时任教育部部长蒋南翔，审时度势，在研究和比较了世界经济发展与职业教育之间的关系后，把目光投向了德国。中国职业教育的国际交流与合作就是从借鉴和学习德国的经验开始的。

德国对职业教育的科学研究，正如其职业教育对经济的推动一样，始终处于世界领先地位。如果说德国经济腾飞的秘密武器是德国双元制职业教育，那么制造这些秘密武器的则是德国高水平的职业教育师资队伍，而促进德国职业教育师资培养的理论基础——职业教育学的发展、改革与创新的，则是德国人对职业教育的科学研究。在诞生了像黑格尔、康德等世界著名的哲学大家以及马克思、恩格斯这样伟大的科学社会主义创始人的德国，其喜欢思辨的传统对职业教育的科学研究产生了极大影响。正是在这个思辨的土壤中，产生了许多极具职业教育特色的理论成果，凸显了职业教育自身的规律。

纵观当今世界，只有德语文化圈国家（德国、奥地利、瑞士）将职业教育学作为大学的一门独立学科，集中了大批专门从事职业教育学研究的专家学者，建立了高水平的研究机构，将自洪堡大学开始的教学与科研结合的大学功能发挥得淋漓尽致，既培养了大批高水平的职业教育师资，又取得了许多具有国际影响力的职业教育科研成果。在著名的德累斯顿工业大学、亚琛工业大学、柏林技术大学、达姆施答特技术大学、慕尼黑大学、汉堡大学、洪堡大学等24所研究型大学里，建立了职业教育师资培养机构及相应的职业教育研究所，为德国职业学校和企业职业教育的发展与创新提供了强有力的理论支撑。根据2005年4月1日颁布并生效的《德意志联邦职业教育法》，职业教育包括职业准备教育、职业教育、职业进修教育以及职业改行教育。①职业准备教育的目标，是通过传授获取职业行动能力的基础内容，使受教育者具备接受国家认可的职业教育的资格。②职业教育旨在针对不断变化的劳动环境，通过规范的教育过程传授从事合格的职业活动所必需的职业技能、知识和能力（职业行动能力），并使受教育者获得必要的职业经验。③职业进修教育应提供使受教育者保持、适应或拓展职业行动能力及职业升迁的可能性。④职业改行教育应传授使受教育者从事另一种职业的能力。《德意志联邦职业教育法》仅规范相当于高中阶段的双元制职业教育的企业部分。从层次上看，德国职业教育以中等职业教育为主，16~19岁年龄组的青少年接受职业教育者超过70%，但自20世纪70年代以来，双元制职业教育逐渐向高等教育延伸，出现了采用双元制模式的职业学院及部分专科大学，其也被纳入高等职业教育范畴。

德国职业教育主要形式如下：

一、高中阶段职业教育

（一）就业导向的职业教育

（1）双元制职业教育。这是一种将在企业里进行的职业技能和相关工艺知识的教育与在职业学校里进行的职业专业理论和普通文化知识的教育结合起来培养职业人才的教育制度。企业为一元，职业学校为另一元。这里所谓的"教育企业"是必须具有相关资质的企业才有资格主办职业教育。双元制职业教育学制为2~3.5年，无入学条件，但一般为主体中学和实科中学毕业生，其智力特征以形象思维为主，培养目标为技术工人。教学分别在企业和职业学校里交替进行，约70%时间在企业、30%时间在学校。学生在学习期间不仅不交学费，而且每月还可得到由企业提供的生活津贴及法定社会保险。作为德国职业教育最主要的形式，双元制是将传统的学徒培训方式与现代职业教育思想相结合的一种企业与学校合作办学的职业教育模式。根据受教育者与企业签订的以私法为基础的职业教育合同，受教育者在企业以"学徒"身份、在职业学校则以"学生"身份接受完整、正规的职业教育。

（2）全日制职业教育。采用这种教育方式的主要是职业专科学校，学制 1~3 年，入学条件主要为主体中学或实科中学毕业生，以德国历史上形成的"学校型教育职业"为主，培养目标可分为两类：一种是双元制替代型职业教育，培养技术工人，有乐器（如提琴）制作工、陶瓷造型工、金银饰品制作工、木器雕刻工等职业；一种是与双元制平行的独立型职业教育，培养技术助理、实验员、社区服务或护理人员，包括技术、数据处理和工商服务以及社会教育、医疗卫生等职业。其他一些全日制职业学校还有从事职业准备教育（1 年）、职业基础教育（1 年）的学校和职业提高学校（1 年）等。

（二）升学导向的职业教育

采用这种教育方式的是所谓"立交桥"式的职业学校，主要有三种：一为专科高中，学生主要来自实科中学，学制一般为 2 年，其中实践与理论课程各 1 年，毕业生可直升专科大学；二为职业或技术高中，学生主要来自实科中学或已接受过职业教育者，学制 2 年，进行全日制理论学习，毕业生可直升综合大学（有专业限制）；三为专科、职业或技术完全中学，学生主要来自实科中学，学制 3 年，毕业生可直升综合大学。

二、高中后职业教育

（一）高中后非高等职业教育

采用这种教育方式的主要是专科学校，属于职业进修教育，入学条件是已接受职业教育并有 2 年以上职业实践经历者。德国认为技师（师傅）和技术员的培养，不应在入职前而应在入职后进行。学制一般为 2 年，其培养目标为师傅（技师）和技术员。专科学校可分为师傅学校（行会主办）和技术员学校（国家主办），学生修业期满经行会考试（师傅）或国家考试（技术员）合格者，可获得上述资格，若通过相关资质审核，还可担任企业实训教师。属于这类教育的还有商务师、手工业企业主的培养等。

（二）高中后高等职业教育

采用这种教育方式的主要是职业学院，招收完全中学毕业生，学制为

3年，学完2年后可分流。其培养目标为职业型高级人才，修完2年后经考试合格者，授予"助理工程师（助理经济师、教育工作者）"资格，相当于专科教育；修完3年后经国家考试合格者，授予"职业学院工程师（经济师、社会教育工作者）"资格，相当于本科教育。

第三章　高职院校经管类专业学生管理案例

　　自我决定动机理论认为，社会环境可以支持或挫败学生个体基本心理需要的满足，进而对个体的行为动机产生影响。支持学生基本需要满足的社会环境会促进个体自主性行为的调节，提升其身心愉悦感。具体到学业情境方面，当学校环境能满足学生的基本心理需要时，学生在学习中能感受到更多的自主性、归属感和胜任感。在这种情况下，学生将会有更高水平的学业表现，遇到困难或挑战时更可能会坚持。学习行为发生在一定的社会环境中，当学生从环境中感知到胜任感、自主性和归属感时，其内在动机会被激发，这会促使他投入到学习任务中并取得良好的学习成绩。在课堂环境下，当学生自主的需要、能力的需要和关系的需要得到了支持，学生更可能会内化学习动机，更加自主地投入学习并会更加重视学习。相反，若社会环境挫败了学生的基本心理需要，学生的行为动机和身心健康都将受到损害。环境中的支持，尤其是自主支持，对学生的心理健康、学习成就和学业成绩均有显著的促进作用。因此，对基本心理需要进行支持是激发学生内在动机、实现学业成就和主观幸福感的重要前提条件。

　　在学校社会环境中，教师是对学生动机和学习成绩产生影响的最重要的主体。自我决定动机理论为理解教师支持对大学生学业成就的影响提供了较好的理论框架。相较于其他影响主体，来自教师的支持对学生基本心理需要满足的影响作用最直接也最重要。现有的大量研究表明，教师支持尤其是教师对学生自主性的支持，能够促进学生基本心理需要的满足、学业成绩的取得和学业的持续进步。

　　自我决定动机理论认为内在动机是普遍存在的，对所有个体的发展都至关重要。人在最健康的状态下会是积极主动的、充满好奇心的、富有求知欲望并且是幽默的。不论何时何处，他们都会表现出学习和探索的欲望，并且无须外在的激励与刺激。自我决定动机理论强调心理安全与人际关联在理解个体行为动机方面的作用。在学业情境下，学生都有关系的需要，并且关系需要的满足是实现其最高水平发展的基础，这是因为良好的人际关系能够有效缓解压力并能激发学生积极的情绪状态。当学生与周围环境建立起和谐的人际关系，并且感知到来自辅导员的关心和关爱时，其关系的需要得到满足，关系需要的满足能够激发学生的动机行为，从而促使个体追求社会普遍认可的目标导向，提升学习投入水平，进而提升学生学业成就。

本章主要内容为辅导员结合实际工作，不断总结提炼出的学生管理案例。高职院校经管类学生管理案例及其反映的现象对从事辅导员工作的教师会有很大的启示，对于研究思想政治教育的理论工作者也具有重要的研究价值和参考价值。每个案例主要分为三个部分：案例情况、解决措施、总结与启示。

第一节　学生学业管理案例

案例 1　学生退学问题处理

一、案例情况

叶婷（化名），女，汉族，财经学院会计专业 A1501 班学生。2016 年 4 月 14 日，叶婷同学到 B503 办公室，向辅导员提出退学申请。该生厌学情绪非常严重，不愿意继续在学校就读。叶婷同学曾经和其父母沟通，要求休学或退学，但其父母均不同意叶婷同学退学。

二、解决措施

接到学生的申请后，辅导员和叶婷同学进行了深入的谈话，详细了解该生目前的学习、生活情况，是否存在学习困难，了解叶婷同学申请退学的真正原因。经过 1 个多小时的沟通，辅导员请叶婷同学先回去好好思考一下，多考虑自己放弃继续读书后的机会成本，然后又电话联系叶婷同学的妈妈，了解叶婷近期的思想动态，以便有针对性地开展学业帮扶。

此后辅导员经过多次沟通，对叶婷同学的厌学情绪进行了多次开导，对其具体情况进行了辅助分析，对具体政策和利害关系进行了剖析，也动员了她的寝室室友、同学和朋友劝她继续读书，但该生仍然坚持退学。

该生先后有两次未请假不归。2016 年 5 月 2 日，该生在未办理请假手续的情况下，一直未返回学校。经过辅导员跟叶婷同学及其家长、叶婷同学的男朋友多次沟通，该生于 5 月 5 日上午返回学校。2016 年 6 月 17 日，该生到辅导员办公室，完善请假手续，请假返回四川老家，请假时间至 2016 年 6 月 20 日下午。2016 年 6 月 20 日该生请假期满，未在规定时间返回学校。

2016 年 6 月 22 日，该生仍然未返回学校上课。在此期间，辅导员跟该生本人及其家长多次电话沟通，明确告知《某职业学院学生手册》中关于未假离校的规定：

第三章　违纪行为与纪律处分

第十六条　一学期内，不假擅自离校、请假逾期不归者，经教育不改，出现下列情形的，给予相应处分：

（一）不假擅自离校、请假逾期不归达 4 天者，给予警告处分；

（二）不假擅自离校、请假逾期不归 4 天以上、6 天（含 6 天）以内者，给予严重警告处分；

（三）不假擅自离校、请假逾期不归 6 天以上、9 天（含 9 天）以内者，给予记过处分；

（四）不假擅自离校、请假逾期不归 10 天以上、13 天（含 13 天）以内者，给予留校察看处分。

但是该生仍然不返校，也不履行请假手续。辅导员给该生及其家长发了短信，告知未假不归的后果和严重性："如果叶婷同学再不返回学校，按照学校相关规定，不假离校按旷课处理，累积到一定学时要给予相应的处罚，这将对学生未来有较大影响。目前叶婷厌学情绪非常严重，不愿意到学校上课，已多次沟通。鉴于这种情况，建议家长到学校为叶婷同学办理休学或退学手续。"目前该生已累计旷课 32 学时。该生明确表示不想继续在校学习，想办理退学。叶婷同学的家长平时对她管理非常严格，对于该生退学的决定，其家长明确表示不支持，并打电话严厉批评叶婷同学。2016 年 6 月 22 日至 8 月 31 日，叶婷同学因为害怕回家受罚，一直住在其朋友家中。

2016 年 9 月 10 日，新学期开学第一周，辅导员通过电话联系到叶婷同学的家长，告知目前该生的情况，建议家长和该生好好商量是否继续学习的问题，也明确告知家长，开学两周内，学生无故不到校报到，按自动退学处理。如果按自动退学处理，会影响到学生档案等后续问题，请家长慎重考虑。最终其家长决定为该生办理退学手续。家长手写关于叶婷同学退学事宜的知情同意书并签字，最终叶婷同学到校办理完退学手续，并处理好相关事宜。

三、总结与启示

退学，不仅会给学生自身今后的成长与发展带来巨大的消极影响，同时也将给其家庭带来巨大的伤痛，对学校和国家来说也是不小的损失。作为与学生朝夕相处的辅导员，我们应该根据学生遇到或可能遇到的不同问题采取及时、适当的措施。

（一）预防措施

（1）加强对新生的人生观、价值观及理想信念教育。从新生入学开始，辅导员应该根据社会的需要和学生个人的兴趣特点，通过讲座、一对一交流等方式，帮助学生尽快确立新的奋斗目标；通过讲述校史、专业讲座，让新生对学校和专业树立信心，形成爱学校、爱本专业、爱班级的思想，引导学生自觉地把个人目标与国家的发展目标紧密结合起来，把社会的要求转化为自己的目标，逐步确立正确的人生观、价值观及理想信念。

（2）加强学风建设。辅导员应从新生入学开始抓起，提高学生对学风建设重要性的认识，加大学风监督力度，经常深入寝室、自习室，与学生多交流，解除其疑惑，奠定良好的学风基础。

（二）做好学生退学前后的管理工作

当学生申请退学或者被迫退学时，辅导员不能不闻不问，而要以高度负责的态度关心学生。首先要建立退学大学生事前谈话制度，了解他们的所思、所想、所盼，真正做到与他们同呼吸、共命运，切忌"大而空，虚无实"的简单说教。要主动帮助学生分析利弊，引导学生做出正确的决定。其次当学生接到退学通知后，辅导员要与其进行沟通和交流，尽力排解他们的不良情绪，化解他们的消极心态，端正他们的思想认识，鼓励其重新在人生的道路上站立起来。最后要建立大学生退学后的跟踪制度。在学生退学离校后，辅导员要定时通过电话、信件、网络等方式与家长沟通，和学生家长一道做好退学大学生的思想政治教育工作。

案例 2　学生迟到问题处理

一、案例情况

冯远椿（化名），男，汉族，财经学院会计专业 A1806 班学生。冯远椿同学是一位来自四川的孩子，他在 2018 年 9 月份进入某职业学院学习。他是一个做事情粗心大意，行动执行力差，总喜欢拖沓的孩子，上课还偶尔迟到。辅导员总是耐心地引导冯远椿同学尽力改掉自身缺点。

2018 年 10 月 20 日，冯远椿同学以及其寝室的 2 位室友龚渝（化名）、徐鹏（化名），因睡懒觉睡过头了，以致早课迟到 20 分钟。任课教师看在这几位同学都是初犯，选择了原谅冯远椿以及他的室友。辅导员一般有早上到学生上课的教室查早课的习惯，这样既可以了解学生的出勤情况，给学生逃课和迟到形成威慑，同时也可以和任课教师多沟通，多了解一些学生的情况，以便能及时发现问题，及时解决处理。10 月 20 日 9：10，早上第一节课下课课间，辅导员来到会计 A1806 班上课的教室 E103，了解同学们的学习情况。当时正值课间休息 10 分钟，辅导员就和同学们互动了起来。在临上课之际，随口问今天有没有迟到的同学，但由于平常辅导员很严肃，同学们都有些怕他，于是冯远椿以及他的两个室友都矢口否认了。但在冯远椿说"今天没有迟到"的同时，好几个女生笑了起来。辅导员看出了些许端倪。为了给同学们一个台阶下，辅导员叫今天早课迟到的同学下课后主动到办公室说明情况。在内心纠结之后，冯远椿和两个室友最终还是选择了前往辅导员办公室进行坦白。

二、解决措施

10：00，第二节课下课了，冯远椿、龚渝、徐鹏 3 位同学来到辅导员办公室。辅导员首先给他们一个坦白的机会。辅导员告诉他们："作为一个学会计的大学生，讲诚信是最起码的要求。我可以允许学生犯错，但是不能原谅学生撒谎。"3 位同学在内心挣扎了 5 分钟后告诉了辅导员实情：早上起床的时候，第一个起床的室友已经叫了他们 3 位，但因为昨天晚上3 个人一起玩游戏玩到次日凌晨 1：00 过才睡觉，闹钟闹醒了以后还是感觉很困，起不了床。

在辅导员的耐心引导下，冯远椿和室友认识到了自己的错误，认识到了不应该迟到，更不应该撒谎，要敢于面对自己的错误，最后向辅导员承诺以后保证不再犯类似的错误，努力做一个合格的大学生。

辅导员针对学生反馈的课余生活不充实以及学习不适应的问题，积极策划班级气排球比赛，以班级为单位组队参加比赛。气排球比较轻巧，很多女生都能参加比赛，调动了全班同学积极参加体育锻炼。同时辅导员还在班级里开展学习帮扶结对行动，将班级里平时学习习惯较好的同学和学习习惯较差的同学进行一对一帮扶结对，按时提醒起床，提醒在规定的时间内提交作业等。经过一学期的实践，冯远椿同学改掉了上课迟到的坏习惯，对专业课有了较大的学习兴趣，期末考试平均分达到了80分，在大一第一学期结束后还主动报名参加了专衔本课程的学习。

三、总结与启示

（一）进行积极的心理辅导

一些学业困难学生都存在这样那样的心理问题，对这些问题他们本身可能并未意识到，或者即使有了一定的意识，但自身也没有恰当的解决方法，这使得他面对学习问题时产生退缩的心理，长此以往，对学习更加没有兴趣。帮助学业困难学生应该包括对于学业困难学生的心理辅导，指导他们认识和处理心理问题。对学生的心理辅导主要体现在两个方面：第一，帮助学生解答疑惑。进入大学以后，许多同学面临着一种全新的生活和学习环境，由于生活方式和生活习惯的差别，同学之间可能会产生一些摩擦，辅导员应该及时对这些现象进行调解。另外，进入大学之后，学生面临着多种多样的社会现象，可能会因此产生不同的心理问题。学习环境和学习方式的转变会让许多学生产生不适感。针对这些问题，辅导员及任课教师一定要给予学生足够的信任，积极指导学生学习。辅导员要有能够帮助学生解决问题的能力，不论是针对个别学生的心理辅导，还是在班级内部的心理知识宣传，都要有一定的技巧。第二，帮助学生建立心理预警。很多学生进入大学之后，感觉时间多了，面临着比此前任何学段都更多的诱惑，极有可能产生一些不恰当的情绪。辅导员要及时发现这些问题，并及时进行疏导。在这个过程中，辅导员要能发现学生群体中的危险苗头，尽快向学生提供帮助，让他们对未来可能发生的情况有大概的了解，在心理上做好准备，这样才能保证学生健康成长。

（二）培养良好的学习习惯

大学阶段最大的特点便是自主学习时间增多了，并成为影响学生学习成绩的决定性因素，这一转变使得学生的学习坏习惯逐渐展现出来。因此，帮助大学学业困难学生实现转化，最重要的是帮助他们养成良好的学习习惯。比如按时睡觉、早睡早起，准时参加学校安排的各科目内容学习；比如认真完成任课教师布置的作业，认真准备考试；比如主动去图书馆进行课程知识的充实和完善；比如营造善学上进的宿舍学习氛围，彼此监督，等等。通过这些方式，学生将意识到大学自主学习的重要意义，并在长期坚持中养成良好的学习习惯，自动自发地进行学习，自觉高效地完成自己的学习任务。长此以往，学业困难学生的成绩一定能够获得提升。

（三）建立学业困难学生帮扶团队

建立学业困难学生帮扶团队是系统化、立体化实现大学学业困难学生转化的重要举措。首先应建立健全大学学业困难学生帮扶体系，组织成立专门的帮扶团队，及时帮助学业困难学生解决学习问题。并且组织学业困难学生进行课下的辅导和学习，培养其自主学习能力，养成自主学习的好习惯。另外，帮助学业困难学生树立远大理想，督促其改变不良的生活习惯。许多学生不重视课程学习，最大原因就在于学生没有意识到学习本专业的重要意义，没有理清学习知识和实现理想抱负之间的关系，因此学习热情不高。帮扶团队应重视对于学生的思想教育，帮助其树立远大理想，使其意识到学习的重要意义，遵守学校纪律，端正学习态度，改正不良生活习惯，朝着美好的方向发展。

大学学业困难学生的出现让人颇感意外，细想之下又在情理之中。一直以来，高中学生都承受着巨大的压力，进入大学后，他们把大学当成伊甸园，对于大学的设想过于理想化，所以一些人对大学生活准备不足。再加上进入大学以后，学生自己支配的时间多了，面临更大的诱惑，学生对学习的热情和专注度大不如从前，同时对于学习方式的转变也不适应，于是一些大学生出现了学业困难的现象。面对这样的学生，辅导员应更加耐心，积极引导学生发现自己在学业中存在的问题，帮助他们理解学习的重要意义，树立正确的价值观念，坚定自己的理想，帮助学生在学校帮扶组织的帮助下，逐步实现成绩的提升，自信地与其他学生进行交流和交往。

案例 3 学生学业问题处理（1）

一、案例情况

叶青（化名），女，汉族，财经学院会计专业 A1804 班学生。叶青同学对自己高考失利一直耿耿于怀，同时自己所在家族中的同辈的孩子们都比较优秀，念的大学有北京大学、同济大学等。对比之下，自己因为高考失利来到一个专科学校，内心非常的不甘，也非常有压力，内心里一直希望能够通过专升本"曲线救国"，希望最终能够进入一个本科学校就读。怀着这样的想法，叶青同学内心非常矛盾，一方面是自己很喜欢并且很擅长的主持与演讲，另一方面自己被自己定的专升本目标重重地压着，喘过不气来。她心里很希望参加学校组织的文艺活动，但是又担心参加活动影响学习，影响到以后的专升本考试，也不太愿意继续留在学生会里锻炼自己。

二、解决措施

辅导员初次见这个孩子是在财经学院第二届"党风团韵财经情"素质教育汇报晚会主持人面试的时候。叶青是竞争晚会主持人中的一员，当她自我介绍说出自己的名字叫"叶青"的时候，辅导员有些惊讶，因为这个学生竟然和他大学时期最喜欢的一个教师同名。刚开始，看她的气势还以为她是个高冷的孩子，但后来接触多了，发现她很爱笑且性格活泼开朗，最后她也凭借她的努力和实力成功竞选上了主持人。

再次见面便是熟人。辅导员担任了叶青班级创新创业课的任课教师，而她和其他几位当时竞争晚会主持人的同学也是辅导员最先记住名字的那批孩子。不久之后，因为学校的工作安排，任课教师又成了他们的辅导员，因此对这个孩子的接触和了解也就更加地深入了。那时候看她好像对自己不太满意，心事也比较重的样子，辅导员就叫她来办公室谈心谈话，了解她的思想动态。在谈话过程中，辅导员了解到引起叶青同学当前状态的一些具体原因。

在和叶青同学聊天后，辅导员特意给叶青的妈妈打了电话，想了解她高中时的生活以及平常的一些学习、生活状态。辅导员通过叶青的妈妈了解到，叶青同学一直是一个比较独立、自信的孩子，从初中开始学习播音主持，学习成绩一直也还可以，但2018年高考发挥失常，对叶青的影响蛮大。这个孩子在家里一般不太愿意表露出自己的不开心，进入大学后自己感觉每天还是过得比较充实。辅导员在电话里温馨提醒家长，多给孩子解压，使叶青同学能够轻装上阵。在这之后，辅导员及时疏导叶青的不良情绪，帮助其缓解压力，鼓励叶青积极参加学生会换届选举，在不断的实践锻炼中充实自己，找回自己失去的自信。在辅导员的帮助之下，该生心态有了很大的放松，情绪得以舒缓，表现也越来越优秀。

叶青同学原本是一个对教师有固有观念的人，把教师和学生的位置摆得很分明，让辅导员感觉她有点拒人千里。了解她，同时和她很有距离感，也许是她的自我保护机制在起主导作用。在这个需要别人提醒、教师教导的年纪，这一点是需要改变的。于是辅导员经常主动和叶青同学沟通，消除她的顾虑，直到她一点点打开心扉，和辅导员分享她的喜悦和困惑，也乐于接受辅导员的指导和批评以及建议。

叶青同学善于表达，同时也有播音主持基础，在辅导员的鼓励下，她积极地参加学校举行的活动。例如"拼搏里的青春"辩论赛，她经过层层选拔，最后担任了财经学院辩论队的一辩，辅导员当时是辩论队指导教师。每次抽选了辩题之后都是紧张的备战过程，在此期间她和其他的同学常常讨论写辩论稿到深夜。在辅导员每次指出她的不足和问题之后，她都能够很快地纠正错误，虚心学习，总结经验，也充分发挥自己的优势，最后全队披荆斩棘夺得了冠军。

在相处的几年时间里，辅导员帮助纠正了她的错误认识，给予了她展现自己的机会，帮助该生成长为更优秀的自己。最终，叶青同学成功当选财经学院团总支学生会第十二届学生会艺术团团长。在辅导员的悉心帮助与鼓励下，她的特长得以充分展现，她学到了更有价值、更能帮助自己成长成熟的东西。

三、总结与启示

高考失利带来的负面情绪，对于高职院校的学生来说或多或少存在着。如果学生不能正确面对失败，辅导员不加以正确引导，将会严重影响大学生的心理健康。作为辅导员，要引导学生首先不要自卑，调整好自己的心态，把自己的专业课学好，然后尽量去考取证书，像英语 AB 级、四六级、计算机二级、普通话证书，专业相关职业资格证书，等等。同时也可以锻炼自己的能力，竞选班干部、加入学校组织等，不要担心自己做不好。引导学生多参加文体比赛，参加学校能力要求比较高的比赛，获得经验和教训，也能学到一些必备技能。同时要引导学生做好学习规划，养成自律的学习习惯。

案例 4　学生学业问题处理（2）

一、案例情况

刘浩（化名），男，汉族，财经学院会计专业 A1506 班学生。

刘浩的父母均为生意人，家里环境相当优越。由于父母常年不在身边，从初中开始该生就在私立学校寄读。起初，刘浩在学校各方面表现都比较良好，成绩也很不错。但是由于一次事故，刘浩与当时学校的一位教师发生了冲突，被戴上了"坏孩子"的帽子。对于一个未成年、自尊心又强的男孩子来说，这无疑是一次不小的打击。从此以后，刘浩便开始讨厌上学。高中毕业后，在父母的要求下，刘浩才通过单招考试，考入了专科院校。

进入大学后，刘浩并没有调整好自己的心态，不知道为什么要学习，自己到底想要干什么。平时懒散的习惯，他也毫无保留地带到了大学里。军训才开始，他便逃之夭夭，不知去向。辅导员好不容易才找到他，在对他进行思想政治教育后，将其带回了训练场。但教官已认定其为不合格学员，不肯再将其编排入列。这也让刘浩失去了军训的机会。

考虑到刘浩无法参加军训，又不能任由他到处闲逛，怕存在安全隐患，辅导员只好将他安排到办公室当自己的助理，要求他每天按时到办公室帮忙整理材料、协助教师处理日常事务等。最开始，刘浩能按照辅导员的要求完成各项事务，还经常得到辅导员赞扬。刘浩觉得能得到辅导员的肯定，特别的高兴，工作起来很认真也很积极。但是几天后，惰性很快打败了他的工作热情，他开始迟到，趁辅导员在忙其他事，有时索性不到办公室。虽然辅导员对刘浩进行了批评教育，但是效果不太理想。

军训结束后，刘浩和其他同学一起进入了正常的学习生活。在前半学期，刘浩在寝室同学的帮助下，基本能够正常出勤，但是学习效果并不好。他上课时经常趴着睡觉或偷偷玩手机。从下半学期开始，刘浩出现了旷课的情况。

二、解决措施

针对刘浩的情况，辅导员与刘浩进行了一次深入的谈心。刘浩告诉辅导员：一是觉得大学教师上课的方式跟以前初中、高中时相差太大（初中、高中主要采用翻转课堂的方式），学习起来十分枯燥。二是对于目前所学的专业，自己也不喜欢。之所以会学这个专业，都是父母安排的。三是有的课程根本听不懂（特别是专业课程），有时知道自己要迟到了，索性就不去上课了，从而造成旷课。

辅导员在了解情况后，跟刘浩一起分析了目前他的状况。

第一，对于目前所选的专业，由于才刚进校，根据《某职业学院学生手册·学籍管理规定》，如果刘浩确实无法继续学习目前的专业，又符合转专业的条件，可以尝试转入自己感兴趣的专业。

第八章　转专业与转学

第三十条　学生应当在所录取的专业学习，一般不得转专业。有下列情况之一者，可申请转专业：

（1）学生确实有专长，转专业更能发挥其专业能力的；

（2）学生入学后发现某种疾病或生理缺陷，经学校指定医院检查证明，不能在原专业学习，但尚能在本校其他专业学习的；

（3）学生确有某种特殊困难或非本人原因，不转专业则无法继续学习的；

（4）休学创业或退役后复学的学生；因自身情况需要转专业的；

（5）学校根据社会对人才需求情况的变化或其他因素的变化，经学生同意，必要时可以适当调整学生所学专业。

第二，如果只能继续学习目前的专业，就需要辩证地看待自己的兴趣问题。一方面，虽然不喜欢自己所学的专业，但是相信刘浩同学有能力把各个科目都考合格；另一方面，要学会合理安排时间。一天24小时，可以用8小时睡觉、8小时学习，剩下的8小时用来满足自己的兴趣。相信刘浩同学能够处理好兴趣的问题。

第三，教学模式的问题，可以多跟教师交流。要意识到每种教学模式都有各自的优缺点，要学会适应，尽快进入学习状态。

在与辅导进行深入交流后，刘浩的学习态度有所好转，他在努力尝试改变过去不好的状态。但是受到周围朋友的影响，在坚持了不到一个月的时间后，刘浩又恢复到以前的懒散状态。

在第一学期结束以后，刘浩的不合格学分累计达14分。根据《某职业学院学分制学籍管理规定》第十章学籍警示、升级、先修、延长学习年限与退学第四十二条学籍警示：学生学完《专业人才培养方案》规定的课程，参加课程考试及补考后，不及格课程累计达到 10 学分（含 10 学分）以上且未达到 20 学分者予以学籍警示。在刘浩被给予学籍警示后，辅导员再次找到了他，希望他能够在思想上引起重视，通过自己的努力补上过去落下的课程，顺利完成学业。刘浩表面上答应辅导员、父母以后一定认真学习，但是他并没有在实际行动中兑现自己的承诺。

进入大一下学期后，只要辅导员一放松对他的监督，他立马就会旷课，甚至出现夜不归寝的情况。2016 年 4 月 5 日 23：30，在晚归、夜不归寝的检查中，刘浩被发现夜不归寝，辅导员和其家长通过电话联系他，刘浩均不接电话。4 月 6 日上午，刘浩仍未返回学校，其父母和辅导员多方寻找也均未联系到他本人。最后，在其他同学的帮助下，辅导员终于在一个偏僻的网吧里找到了正在忙着打游戏的刘浩。在见到辅导员的那一刻，刘浩内心充满了歉意与后悔。但由于他的自控能力太差，虽然辅导员和其父母多次对他进行批评教育，但均无效果，他在学业上越来越差，并放弃了大一的期末考试，最终不合格学分累计达 31 分。

根据《某职业学院学分制学籍管理规定》第十章学籍警示、升级、先修、延长学习年限与退学第四十五条第二款，学生学完《专业人才培养方案》规定的课程，参加课程考试及补考后，不及格课程累计达到 20 学分以上且未达到 32 学分者编入下一年级（不更改原有入学年级），也可以由本人申请跟班就读。由于刘浩的学习状态不好，经过自己的尝试，其父母、辅导员的共同监督，他仍然无法正常进入下一年级的学习，最终只好选择休学，回家进行调整。

三、总结与启示

目前，在高职院校中，缺乏学习动力、自控能力差的学生不在少数。由于自身的原因，这部分学生中的大多数都无法正常完成学业。如何帮助学生端正学习态度，建立正确的学习动机，找到人生的目标，这需要辅导员在职业生涯规划课程中帮助学生正确认识自我。相信在任课教师、辅导员、学生父母的共同努力下，可以让学生重拾信心，顺利完成学业。

案例 5 学生态度问题处理（1）

一、案例情况

贾芳（化名），女，汉族，财经学院金融专业 A1402 班学生。

贾芳的父亲在贾芳十岁时因病过世，其母改嫁。虽然贾芳母亲改嫁后家里条件比较优越，但其母亲并未亲自抚养贾芳。贾芳从小就跟着其大姑生活，与母亲关系比较疏远。自从贾芳的母亲生下弟弟后，更是对贾芳的成长极少过问。由于从小缺少父爱、母爱，又长期寄宿在其他人家里，贾芳从小便缺乏安全感且个性好强，从高中毕业开始就通过到美容院兼职、做微商等多种方式赚取生活费、零花钱等。

　　进入大学时，贾芳和其余三名同学一起被分配到 E1210 宿舍。最初，在其余三名同学的带领下，贾芳还能认真学习。但在开学一个多月后，其寝室室长主动找到辅导员，并告知辅导员：贾芳高中时有一个男朋友，在暑假时两人已和平分手。但是进入大学后，贾芳才发现自己已怀有身孕。为了不让其他人知晓此事，她已偷偷地跑到医院做了人流手术。现在由于身体原因，需要请假休息。辅导员得知情况后，立马赶到宿舍看望了贾芳，并决定将此事告知贾芳的母亲。贾芳坚决反对，并希望辅导员能够理解。最终，辅导员在得到贾芳同意的情况下，还是将此事告知了与贾芳比较亲近的姐姐，希望其家人能够给予她更多的关心与关爱。

　　在贾芳身体康复后，辅导员找到贾芳进行了单独谈心。辅导员深入了解了贾芳的家庭、生活、情感等方面的情况。从她的讲述中，辅导员感受到贾芳从小寄宿在别人家里的孤独感、对母亲的失望和冷漠以及对金钱的渴望。她认为，对她来说，世界上最重要的东西是金钱，而对于与异性的交往，她表现出一种无所谓的态度。

　　辅导员了解情况后，发现贾芳的人生观、价值观都存在一定的问题。辅导员首先对她的遭遇表示同情，对她从小就能够自立自强表示肯定和赞扬。其次一方面希望贾芳正确面对情感，树立正确的恋爱观，学会保护自己；另一方面对于一个 19 岁左右的大学生来说，目前正是打人生基础的学习阶段，希望贾芳能把精力更多地放在学业上。

　　谈心之后，辅导员找到贾芳同寝室的同学，希望同学们能够在生活、学习上都多帮助、关心她。同时联系贾芳的母亲，就她在学校的情况进行了简单的沟通，希望贾芳的母亲能够不定期地跟贾芳沟通，了解孩子的各方面情况，给予更多的关爱。

　　贾芳恢复了最初的状态，每天按时上课、就寝。但进入第二学期不久，辅导员就收到了贾芳的请假申请。贾芳觉得自己不够漂亮，便趁周末休息，到美容整形医院将眼睛、鼻子、脸颊等进行了微整，造成整个眼、脸都浮肿而无法正常上课。

由于担心贾芳以后继续做出在学生阶段不太适宜的行为，辅导员只好将其整容情况告知其母亲。贾芳的母亲得知情况后，并不感到很吃惊，只是告知辅导员：她现在管不了贾芳的事情，也不想管。对于贾芳的母亲的冷漠和不负责任，辅导员感到十分的无奈。

待贾芳能正常上课后，辅导员找到贾芳，就审美观的问题进行了交流和沟通，希望贾芳在上学阶段，不要把重点放在与学业无关的事情上。但自从开始整容后，贾芳便开始疏远同寝室的同学，开始出现迟到、旷课甚至晚归的情况。

二、解决措施

辅导员得知贾芳出现迟到、旷课甚至晚归的情况后，对贾芳的违纪违规行为进行了严肃的批评教育，并告知贾芳，对于旷课，根据《某职业学院学生手册》第三章违纪行为与纪律处分第十七条，一学期内，多次旷课，经教育不改，出现下列情形的，给予相应处分：

（1）3 次迟到或早退计为旷课 1 学时；

（2）累计迟到或早退 20 学时者，给予警告处分；

（3）累计迟到或早退 21~30 学时者，给予严重警告处分；

（4）累计迟到或早退 31~45 学时者，给予记过处分；

（5）累计迟到或早退 46 学时及以上者，给予留校察看处分；

对于晚归、夜不归寝，辅导员告知贾芳《某职业学院学生手册》第三章违纪行为与纪律处分第十九条规定：

（1）晚归累计 7~10 次者，给予警告处分；晚归累计 11~15 次者，给予严重警告处分；晚归累计 16~20 次者，给予记过处分；20 次以上者，给予留校察看处分。

（2）夜不归寝累计 3 次者，给予警告处分；夜不归寝累计 4~6 次者，给予严重警告处分；夜不归寝累计 7~10 次者，给予记过处分；夜不归寝累计 11 次及以上者，给予留校察看处分。

辅导员要求贾芳必须严格遵守学校日常管理相关规定、宿舍管理规定，不得再次出现类似的行为。

在辅导员对贾芳进行批评教育后，贾芳仍然未在思想上加以重视，总是以去看望朋友、晚上聚餐等作为借口，出现了 3 次以上夜不归寝的情况。

在辅导员多次教育后，贾芳仍然不改。最后，根据《某职业学院学生手册》第三章违纪行为与纪律处分第十九条的规定，贾芳被学校给予警告处分。

在第二学期学完后，贾芳不合格学分累计达 11 分。根据《某职业学院学分制学籍管理规定》第十章学籍警示、升级、先修、延长学习年限与退学第四十二条学籍警示的规定：学生学完《专业人才培养方案》规定的课程，参加课程考试及补考后，不及格课程累计达到 10 学分（含 10 学分）以上且未达到 20 学分者予以学籍警示，贾芳被给予了学籍警示。

在大一学年结束后，贾芳对于自己所受到的处分，并没有过多地在意和后悔。与学业相比，贾芳更在意自己的外表。由于认为自己不是同寝室最瘦的，她又利用暑假到整形医院进行了抽脂手术。同寝室的同学们虽然不理解她的行为，但是出于对她的关心，都轮流着去照顾她，给予她更多的温暖。对于贾芳的行为，辅导员表示非常的心痛，多次联系其家人，希望她们也能给予贾芳更多的关爱，但是最后都没有达到预期的效果。

进入大二后，贾芳更加迷恋整容。她进入一家美容机构，做起了兼职，基本放弃了自己的学业。辅导员找她谈心谈话、心理咨询老师介入，都没能达到预期的效果。在大二结束时，她的不合格学分累计达到了 28 分。根据《某职业学院学分制学籍管理规定》第十章学籍警示、升级、先修、延长学习年限与退学第四十五条第二款，学生学完《专业人才培养方案》规定的课程，参加课程考试及补考后，不及格课程累计达到 20 学分以上且未达到 32 学分者编入下一年级，贾芳被迫留级。贾芳留级后，由于缺少了朋友的关心，更缺乏学习的动力，不到一学期便申请了退学。

三、总结与启示

近年来，单亲家庭学生的问题日益突出。个别学生从小缺少亲情，加上没有得到正确的引导，长大后出现了矛盾、扭曲的心态。他们渴望被爱，但不知道怎样去表达、去行动，到最后往往成为受害者。随着年纪的增大，如果没有树立正确的三观，会对其成长造成不良的影响。大学阶段是帮助学生树立正确的世界观、人生观、价值观的重要阶段。辅导要根据学生的情况，进行针对性教育引导，帮助学生树立正确的三观，促使学生健康成长。

案例 6 学生态度问题处理（2）

一、案例情况

张涛（化名），男，汉族，财经学院财务专业 A1601 班学生，性格十分外向，喜欢结交朋友，很讲"义气"。

张涛的父母都是农民，张涛的生父在张涛十岁时因病过世了。其母亲改嫁后，又生了一个妹妹。全家家庭收入主要来源于继父务农及打零工。张涛在重组的家庭中长大。

2016 年 9 月，张涛才入学时，能按照教师的要求，完成各科学习任务，且未出现早退、旷课，夜不归寝等违规违纪情况，各方面都表现良好。同年 12 月，同专业另一男生李林（化名）在网上发表不当言论，被辅导员发现。辅导员在了解李林的情况的过程中，发现张涛与李林关系较好，经常相约一起吃饭、外出打游戏等，由此也引起了辅导员对张涛的关注。通过 QQ 空间，辅导员发现张涛进入大学后，结交了很多朋友，学习态度也不如刚入学时端正，于是便与张涛进行了交流，希望他能端正学习态度，将生活重点转移到学习上，同时在交友的过程中，做到谨慎选择朋友。

二、解决措施

进入 2017 年 3 月（大一下学期），辅导员发现张涛出现晚归、旷课的情况。辅导员及时找到张涛了解情况，张涛称与朋友（会计、国贸、物流等专业同学及一些社会人员）一起聚会，造成晚归及旷课。辅导员对张涛的无时间观念、无安全意识、不遵守学校宿舍管理相关规定的行为进行了批评教育，希望张涛能够严格要求自己，树立正确的时间观念、安全意识等，遵守学校的规章制度，不再出现类似的情况。

3 月 27 日早上，辅导员在查课的时候，发现张涛未到教室上课，电话联系其本人但无人接听。辅导员询问其同寝室的室友才了解到：张涛进大学后便交有一个女朋友，在永川一个学校读书，两人经常吵架。最近张涛经常晚上出去喝酒，很晚才回宿舍。3 月 26 日晚上张涛并未返回宿舍就寝、27 日早上旷课，应该都与他的女朋友有关。辅导员在了解情况后，经过多次电话联系，才联系到张涛。张涛称：自己确实已经离开学校，现在永川。张涛告知辅导员，待自己处理好与女朋友之间的事情后，再回学校。辅导员要求张涛尽快返回学校，并告知张涛《某职业学院学生手册》中关于未假离校的规定：

第三章　违纪行为与纪律处分

第十六条　一学期内，不假擅自离校、请假逾期不归者，经教育不改，出现下列情形的，给予相应处分：

（1）不假擅自离校、请假逾期不归达4天者，给予警告处分；

（2）不假擅自离校、请假逾期不归4天以上、6天（含6天）以内者，给予严重警告处分；

（3）不假擅自离校、请假逾期不归6天以上、9天（含9天）以内者，给予记过处分；

（4）不假擅自离校、请假逾期不归10天以上、13天（含13天）以内者，给予留校察看处分。

同时，辅导员联系了张涛的母亲，告知张涛不假擅自离校的情况。出于对学生安全的考虑，希望其母亲赶紧联系张涛，并督促他尽快返回学校。

第二天，在张涛的母亲及姨妈的督促下，张涛终于返回了学校。张涛返校后，辅导员与他进行了一次深入的谈话。辅导员首先就不假擅自离校的行为，对张涛进行了严肃的批评教育；其次对恋人之间、朋友之间、晚辈与长辈之间如何相处等问题进行了交流；最后对其今后的学习目标进行了初步的规划，希望张涛能够顺利毕业，不辜负其母亲对他的期望。

事后，张涛对之前的不当行为表示十分抱歉，在后续的学习中各方面都得到了一定的改善，但学习的效果仍然不太理想。大一结束时，张涛不合格学分累计达10分。根据《某职业学院学分制学籍管理规定》第十章学籍警示、升级、先修、延长学习年限与退学第四十二条学籍警示：学生学完《专业人才培养方案》规定的课程，参加课程考试及补考后，不及格课程累计达到10学分（含10学分）以上且未达到20学分者予以学籍警示，张涛被学校给予学籍警示。

2017年9月初，进入大二后，张涛的母亲电话联系辅导员，了解缴纳学费金额的问题，称在将学费转给张涛后不到一个月，张涛又几次联系家里，以各种理由让母亲给他转钱。由于张涛的父母都是农民，收入微薄，张涛的学费、生活费已经成为家里不小的负担，张涛的索要让母亲感到十分着急。

得知这个情况后，辅导员第一时间到财务处核实，了解到张涛还没有缴纳本学年的学费。在向张涛的母亲进行情况反馈后，辅导员找到了张涛的朋友、室友等了解情况：张涛的朋友比较多且复杂，张涛经常在外面请客吃饭，开支非常大。此外，张涛的朋友（会计班的同学）一次意外受伤，张涛将自己的学费拿出来垫付了医药费，并且没有告知自己的父母。在该同学归还医药费后，张涛又把钱拿去和其他同学一起吃吃喝喝，花得所剩无几。

张涛的母亲在知道具体情况后，十分伤心也很生气，不肯跟张涛联系也不愿意原谅他。出于对张涛的责任心，张涛的母亲最后决定在接下来的时间里，一是生活费按周给付，二是要求张涛周末兼职赚取学费。

对于此事，辅导员再次找到张涛，对其乱用学费的行为进行了严肃的批评教育，并询问了学费挪作他用的具体支出项目。在回忆支出明细的过程中，张涛也意识到了自己的问题，但是仍然坚持称：大学里面广交朋友、积累人脉关系十分重要，在这个过程中有一定的开支是很正常的。

辅导员在了解到张涛的想法后，以长者的身份与张涛进行了深入交流。第一，对于结交朋友的问题，辅导员希望张涛能结交到真心对待自己的朋友，而不是通过金钱换得的朋友，因为金钱换不来朋友；第二，作为一个大二年级的财务专业学生，应该从管好自己每天的生活费开始，合理开支每一笔钱；第三，希望张涛能通过兼职，体会到挣钱的不易以及父母养家的艰辛；第四，辅导员要求张涛主动联系其母亲，请求母亲的原谅。放假回家必须帮助母亲做农活、家务，体验真正的生活。

三、总结与启示

学费事件对张涛的触动很大。在兼职过程中，他逐渐开始理解自己的母亲及家人，回家后能主动帮助母亲做以前他从没有做过的农活，在一次次教训中也成长了不少。虽然到毕业的时候，他因为学分没有修满，暂时未拿到毕业证，但是也找到了自己比较满意的工作，让他的母亲感到十分欣慰。类似张涛这类学生，在大学里也是常见的，他们往往需要社会、家人、辅导员的共同关心、帮助，才能更好地成长、成才。

案例 7　睡眠障碍学生问题处理

一、案例情况

刘川（化名），男，汉族，财经学院金融专业 A1601 班学生。

刘川生长在父母离异家庭。刘川从小跟母亲生活，居住在重庆市沙坪坝区。由于母亲做销售工作，工作时间长，所以刘川经常独自一人在家。刘川性格十分内向，除了寝室同学外不怎么和其他同学交流。

刘川入学不久，辅导员就收到了其母亲的信息称：刘川最近一直睡眠质量不好，有时需要靠药物的帮助，请辅导员帮忙关注一下他的情况。鉴于刘川的特殊情况，辅导员请同寝室的班长杨迪（化名）留意他的情况。

在 2016—2017 学年第一学期的前几个月，刘川还能按照辅导员的要求认真参加学习、班级活动等，但随着天气逐渐转冷，刘川开始出现迟到甚至旷课的情况。

二、解决措施

在发现异常情况后，辅导员与刘川进行了交流。刘川反映：比较适应学校的生活，也没有什么困难。只是睡眠不好，经常晚上睡不着，有时要到凌晨才能入睡，所以会出现迟到或旷课的情况。辅导员询问他吃药的情况，他也表示偶尔有吃帮助睡眠的药物，但是没有什么效果。

根据刘川的反馈，针对睡眠的问题，辅导员建议刘川：一是到学校心理咨询中心进行咨询诊断；二是到正规的医院进行检查治疗。但辅导员一直未收到其心理异常情况的反馈，刘川也称自己身体并无异常。

在后续的学习中，刘川迟到、旷课的情况越发严重，辅导员多次对其进行批评教育，也未见好转。经与班长杨迪交流，辅导员了解到：刘川特别喜欢打游戏，每天晚上都要打游戏到凌晨，早上大家叫他起床也没有效果。杨迪认为刘川真正的问题不是睡眠问题，而是自制能力差，沉迷于网络游戏。

2017 年 1 月 5 日，针对刘川的旷课情况，辅导员对刘川进行了严肃的批评教育，并告知其《某职业学院学生手册》第三章违纪行为与纪律处分第十七条规定：

一学期内，多次旷课，经教育不改，出现下列情形的，给予相应处分：

（1）3次迟到或早退计为旷课1学时；

（2）累计旷课20学时者，给予警告处分；

（3）累计旷课21~30学时者，给予严重警告处分；

（4）累计旷课31~45学时者，给予记过处分

（5）累计旷课46学时及以上者，给予留校察看处分。

另外根据学校教务处的相关规定，同一学科旷课累计超过1/3学时，将被取消该门课程考试资格。该门课程直接重修。

根据刘川累计旷课情况（累计旷课20学时），刘川被学校给予警告处分。如果继续旷课，将会继续被给予处分。处分不解除，刘川就无法顺利完成学业。另外，如果确实因为睡眠问题不能继续学习，可以选择休学，回家治疗调整后，再申请复学。

然后，辅导员针对游戏的问题与刘川进行了交流，希望刘川能正视学习与娱乐之间的关系，告诉他，既然选择了读大学，就应该将主要的精力放在学习上，学习之余再去满足自己的兴趣，比如游戏。否则，将会一事无成，荒废三年时光，辜负母亲多年来的辛苦付出。作为男生，要学会承担起自己的责任。

同时，辅导员就刘川旷课、睡眠等问题与刘川的母亲进行了交流，希望其母亲共同进行监督，督促其主动学习。在受到辅导员、其母亲的批评教育及督促后，刘川的学习状态有所好转，但学习效果仍然不佳。《某职业学院学分制学籍管理规定》第十章学籍警示、升级、先修、延长学习年限与退学第四十二条规定：学生完成《专业人才培养方案》规定的课程，参加课程考试及补考后，不及格课程累计达到10学分（含10学分）以上且未达到20学分者予以学籍警示。在2016—2017学年第二学期结束时，刘川课程不合格学分累计达12学分，最终被给予了学籍警示。

2017年6月23日6：30，刘川的母亲电话联系辅导员反映：刘川于3：10在给其母亲的信息里留言："活着已经没有意义，找不到活下去的理由……"其母亲立即电话联系刘川，刘川未接电话。刘川的母亲十分着急，正在赶往学校的路上。辅导员知晓情况后，立即电话联系刘川，但其仍未接电话。辅导员又电话联系其同寝室的杨迪，杨迪反馈：刘川正在寝室睡觉，没有异常。听到刘川安然无恙的消息，辅导这才放下心来，同时要求

室友、班长杨迪必须时刻陪伴在刘川左右，不让其发生过激行为，并及时与刘川的母亲进行沟通，告知其最新状态。

6：50，辅导员赶到学校宿舍，只见刘川一切情况正常，还未起床。

7：50，刘川的母亲赶到学校，待刘川起床后，陪着刘川一起找到了辅导员。辅导员经过与刘川单独沟通，才了解到：由于从小经常一个人独自在家，家里特别的安静，只能听到家里"嘀嗒""嘀嗒"的时钟声，觉得特别的孤独，也害怕孤单。进入大学后，通过玩游戏认识了一个女生，并成为男女朋友，但昨天那个女生突然要跟自己分手，所以特别的伤心、孤独，加上失眠，就给母亲发了那样一个信息。自己并没有轻生的念头，只是伤心而已。

由于刘川的行为异常，辅导员建议刘川的母亲带刘川回家休息几天，同时带着刘川到重庆医科大学进行专业诊断。一周后，因为心理原因，加上担心刘川再次出现过激行为，刘川的母亲到校给刘川办理了休学手续。

三、总结与启示

在学生日常事务的管理当中，学生有心理异常的情况也是常见的。由于大部分辅导员不具备专门的心理辅导能力，当发现学生有心理疾病时，应及时与学校心理咨询中心、家长以及医院配合，阻断心理异常学生的不当行为。

案例 8 学生参加校外培训旷课违纪问题处理

一、案例情况

张瑜，女，汉族，财经学院金融专业 A1503 班学生，性格比较外向。因该生报到时间较晚，被分配到其他班级宿舍共同生活。在寝室里，由于与其他同学专业不同，上课时间不同，张瑜大部分时间都独来独往，早出晚归，生活一段时间后，在寝室里仍然没有深交的朋友。而在班级中，由于没有跟班级同学生活在一起，平时也与班级同学来往甚少，大家都对她了解很少。

开学后，辅导员在与张瑜谈心中了解到：张瑜家是一个普通的四口之家，除父母外还有一个哥哥。由于家里生活条件不好，加上父母重男轻女，在张瑜还很小的时候，便被父母送到别人家寄养，直到上初中时才将其接回家中。由于从小不在父母身边长大，张瑜很小就有独立生活的能力，也很有主见，对自己的目标也比较明确。

在 2015—2016 学年第一学期中，张瑜各方面表现比较良好，平时基本往返于图书馆、寝室、教室这几个地方，从无旷课、夜不归寝等违规违纪情况。

2016 年 6 月 26 日 22：30，辅导员在检查学生宿舍的时候，发现张瑜未及时归寝。同寝室的同学也不知道张瑜的具体去向，只知道张瑜平时喜欢学习英语，参加了一个校外的英语培训班，周末都会到校外进行培训，不知道这事是否跟英语培训有关。

二、解决措施

辅导员得知情况后，害怕张瑜落入传销组织手中，立即电话联系张瑜，却发现张瑜手机欠费停机了。辅导员只好赶紧为其充好话费，然后多次联系，但均无人接听。辅导员同时将张瑜夜不归寝情况电话告知其父母，请其家长共同寻找。23：09，辅导员终于通过电话联系到张瑜。张瑜称："在学校大学同学家里（具体地址不愿告知辅导员），请老师放心。"辅导员一再询问张瑜所在的具体位置，张瑜都不肯告知。23：12，由于张瑜不肯告知外宿地址，辅导员只好电话联系张瑜的父亲，告知其目前已知晓的情况。但其父亲称："张瑜的一个姐姐联系到了张瑜，已知张瑜与其他学校的一个同学一起去了河南。目前正在赶回学校的火车上，并拍了在火车上的照片发给其姐姐。张瑜目前比较安全，也请辅导员放心。"23：19，辅导员收到张瑜的短信，称："6 月 27 日到办公室来找老师，目前网络不好，手机信号弱，自己住在××××小区××栋××号。"对于张瑜父女二人反馈的不同信息，辅导员只好怀着忐忑的心情，希望张瑜能于第二天返回学校。

6 月 27 日上午，张瑜的父亲、哥哥电话联系张瑜，均无法接通。辅导员电话联系张瑜，但不是无法接通就是无人接听。出于对事态的严重性以及对张瑜安全的担心，辅导员立即将其擅自离校、暂时失联的情况，上报了学院，同时要求张瑜同寝室室友、班委干部一起通过各种途径联系张瑜。幸好，在 27 日 17：00，张瑜通过 QQ 主动联系了辅导员、通过微信联系了其姐姐，称："目前很安全，在返回学校的途中，估计晚上能返回宿舍。"20：30，张瑜终于返回宿舍。辅导员这才松了一口气。

第二天上午，张瑜主动找到辅导员道歉，并向辅导员说明了事情的经过：自己在校外参加英语培训的时候认识了其他学校的几个同学，几人相约一同出游，但是担心学校不予批准，所以抱着侥幸的心理，擅自不假外出游玩。当被辅导员发现夜不归寝时，也想着以时间较晚、在校外同学家住宿为由，希望能蒙混过关。

辅导员在了解情况后，首先对张瑜不假擅自离校、旷课、夜不归寝的行为进行了严肃的批评教育，并告知张瑜《某职业学院学生手册》第三章学习行为管理第九条规定：学校对旷课学生实行黄红牌警示制度。3次迟到或早退计为旷课1学时，学期内旷课累计6~11学时者，给予黄牌警示；旷课累计12~19学时者，给予红牌警示。《某职业学院学生手册》第四章住宿管理第十七条规定：学校对于晚归、夜不归寝的学生实行黄红牌警示制度。学期内晚归累计3次者，给予黄牌警示；晚归累计4~6次者，给予红牌警示；学期内夜不归寝累计2次者，给予红牌警示。屡教不改者，按《某职业学院学生手册》处理。几天来，张瑜旷课累计12学时、夜不归寝2次，将被学校给予红牌警示。同时，由于此次事件性质十分恶劣，还将被给予全系通报批评。辅导员希望张瑜能引以为戒，不再出现类似的情况。

其次，辅导员给张瑜分析了几起女大学生安全问题的案例，让其意识到：不假擅自外出，一旦出现意外，后果将不堪设想。安全问题绝无小事，希望张瑜能从思想上引起重视。

再次，辅导员发现在整个事件的过程中，张瑜都从未主动联系过自己的父母、哥哥，只是告知了一位姐姐。几天里张瑜父母、哥哥对她的担忧，也说明他们对她的关爱。对于与家人的关系，辅导员希望张瑜能放下过往的一些经历，学会朝前看。希望张瑜能主动与家人联系，告知父母事件详情。作为子女，应尝试着去主动了解、理解父母。

最后，对于时间管理的问题，辅导员与张瑜进行了探讨，希望张瑜能学会时间管理，利用课余时间去丰富自己的课外生活。

通过与辅导员进行深入的交流，张瑜意识到了自己行为的不妥，对不假外出给辅导员、家人带来极大的担忧深表歉意，并表示以后再也不会做出类似的行为了。在以后的学习生活中，张瑜严格遵守学校的规章制度，将生活的重心转移到学习当中，利用课余时间满足自己的兴趣爱好。

三、总结与启示

在经历了此事以后，张瑜转变、成长了许多。只要外出，张瑜一定会给辅导员、家人报备，回校后也会主动向辅导反馈信息。同时还积极参加学院的技能大赛，将生活重心转移到专业学习上，更加明确了自己的奋斗目标。其家人反馈，张瑜与家人的关系也缓和了不少，一切都朝着好的方向在发展。大学阶段是大学生人生观、价值观形成的重要时期，辅导员、家长作为学生成长的领航人，要给予学生更多的关爱，并进行适时的指导。

案例9　懒散学生旷课处理

一、案例情况

郑天（化名），男，汉族，财经学院财务专业 A1702 班学生，性格十分外向。

郑天的父亲在郑天读小学时因病去世，其母亲独自一人抚养他长大。为了能给郑天更好的生活环境，其母亲在他上初中时便到云南打工，郑天大多数时间是由其舅舅看护的。虽然只有母亲，但是郑天的家庭条件并不差，算得上衣食无忧，郑天想要得到的物质上的东西，其母亲都尽量满足他。所以郑天从小自立能力和自强性都不强，学习目标也不够明确，加上缺乏自律性，母亲又没有在身边督促，郑天学习成绩一直不太理想，最终只考上了专科院校。

在亲人的鼓励和引导下，郑天怀着要上专升本的想法进入了大学。但进入大学后，郑天发现可以自由安排的时间更多，懒散的习惯逐渐打败了他想要升本的念头。在进入大学的第一学期，郑天还能认真学习。虽然在学习上并不突出，但是他学习态度端正，班级活动等方面表现异常活跃，给辅导员、任课教师都留下了深刻的印象。但到了大一的第二学期，郑天便出现了迟到、旷课的情况。

二、解决措施

辅导员在发现郑天的情况后，找到郑天，与其进行了交流。郑天如实向辅导员反馈了自己当前的困惑。一是，通过对外部环境的了解，他意识到：要找一个好的工作，专科学历是不够的，但是他对自己需要干什么还不是很清楚。二是，在学校学习，可支配的时间很多，娱乐方式很多，自己自律性不够，缺乏学习的动力。因为经常玩游戏、聊天等，逐渐养成了晚睡晚起的习惯，出现了迟到甚至旷课的情况。

针对郑天的困惑，辅导员为其介绍了提升学历的两种方法（专升本或者自考），并详细介绍了两种方法的备考内容和方式；针对目前的状态，辅导员从职业生涯规划的角度进行了辅导，帮助其进行职业生涯规划，找到学习的动力；针对学习与娱乐的问题，辅导员建议郑天提高学习效率，合理规划学习与娱乐时间，主动学习，不断提升自我。

在与辅导员进行谈话后的一段时间内，郑天的学习状态有所好转。但是过了一段时间后，郑天又出现了迟到、旷课的情况。辅导员再次与郑天进行沟通，希望他不要放弃提升学历的打算，并对其旷课的行为进行了严肃的批评教育，告知郑天《某职业学院学生手册》第三章违纪行为与纪律处分第九条规定：学校对旷课学生实行黄红牌警示制度。3次迟到或早退计为旷课1学时，学期内旷课累计6~11学时者，给予黄牌警示；旷课累计12~19学时者，给予红牌警示。屡教不改者，按《某职业学院学生违纪处分管理规定》处理。由于郑天累计旷课已达10学时，郑天将被给予黄牌警示。辅导员希望郑天能严格要求自己，遵守学校的规章制度，不再出现类似的情况。

2018年6月19日，在晚归、夜不归寝检查中，辅导员发现郑天未及时归寝。辅导员电话联系郑天，却无人接听，联系其母亲，其母亲反馈：郑天已到海口，作为伴郎参加其朋友的婚礼。而且郑天告诉母亲，是在向辅导员请假后才离开学校的。辅导员在了解事情的缘由后，希望其母亲：一是告知郑天及时联系辅导员，二是请家人亲自到校办理请假手续。

第二天一大早，郑天电话联系辅导员，告知了事情的缘由。辅导员对其不假擅自离校、夜不归寝、旷课等违规违纪行为进行了严肃的批评教育，告知郑天《某职业学院学生手册》相关管理规定。

第三章　违纪行为与纪律处分

第十六条：

一学期内，不假擅自离校、请假逾期不归者，经教育不改，出现下列情形的，给予相应处分：

（1）不假擅自离校、请假逾期不归达4天者，给予警告处分；

（2）不假擅自离校、请假逾期不归 4 天以上、6 天（含 6 天）以内者，给予严重警告处分；

（3）不假擅自离校、请假逾期不归 6 天以上、9 天（含 9 天）以内者，给予记过处分；

（4）不假擅自离校、请假逾期不归 10 天以上、13 天（含 13 天）以内者，给予留校察看处分。

第十七条：

一学期内，多次旷课，经教育不改，出现下列情形的，给予相应处分：

（1）3 次迟到或早退计为旷课 1 学时；

（2）旷课累计 20 学时者，给予警告处分；

（3）旷课累计 21~30 学时者，给予严重警告处分；

（4）旷课累计 31~45 学时者，给予记过处分；

（5）旷课累计 46 学时及以上者，给予留校察看处分。

辅导员希望郑天赶紧办理请假手续，并尽快返回学校。当天下午，郑天的舅舅亲自到校，帮郑天办理了请假手续。

三天后，郑天返回学校。到校后，郑天第一时间找到辅导员。对于自己的行为，郑天并没有意识到过错，仍然以一种无所谓的态度跟辅导员讲述几天来发生的事情。待郑天讲述完毕后，辅导员首先严肃地告知郑天：鉴于其恶劣行为，经调查核实、学校讨论研究决定，将给予其警告处分，并将处分同时告知其家人。在接下来的学习、生活中，如果郑天仍然不认真反省，不遵守学校相关管理规定，将无法解除处分顺利毕业。在得知处理结果后，郑天才意识到自己的错误，开始严肃地对待此次谈话。然后，辅导员从为人处事的角度，同郑天一起分析了整个事件中其做得不妥之处，希望郑天能不断完善自己，做出恰当的行为。最后，辅导员从职业生涯规划的角度，再次给郑天分析了其当前的状态及后续努力的方向，希望郑天能从思想上重视、珍惜大学的三年时光。

三、总结与启示

此次不假擅自离校事件过后，郑天一方面学会了承担不当行为带来的后果，另一方面也成长了不少，能坦诚地处理事情。在后续的学习中，郑天的学习效果明显改善，在毕业前解除了处分，参加了专升本的学习，并顺利完成了学业。由此看来，对学生的违规违纪行为进行严肃处理，往往也是帮助学生及时纠正错误的有效手段。

案例 10 作弊学生违纪处理

一、案例情况

姜琳（化名），女，汉族，财经学院金融专业 A1501 班学生，2015 年 9 月入学。

在父母离婚后，姜琳从小便跟其父亲一起在云南生活。父亲经商，家境十分宽裕。姜琳虽然从小在单亲家庭里长大，但父亲十分溺爱她，基本是有求必应。姜琳的母亲离婚后，一直在重庆工作，也经常带姜琳到重庆游玩。由于姜琳从小学习成绩不是太理想，加上想在重庆居住，于是通过单招考试，考进了某职业学院财经学院金融专业。

新生报到开始军训后，姜琳的问题就逐渐暴露出来。军训时，她不是对阳光过敏，就是肚子痛、腿痛、腰痛……总是以各种理由找教官、辅导员请假。但在一次次请假失败后，她就索性躲在宿舍里不参加军训。姜琳的行为很快被教官、辅导员发现。辅导员首先对其行为进行了严肃的批评教育，告知其军训的目的、重要性以及意义。作为一名大学生（没有特殊情况），每个同学都必须参加军训。同时，辅导员还联系了姜琳的父亲，就开学几天来姜琳的表现与其父亲进行了沟通。其父亲表示：会电话联系姜琳对其进行批评教育，同时也希望辅导员能严格要求她，让她认真坚持军训。在辅导员、其父亲的共同监督下，姜琳最终完成了军训。

进入正常的学校生活阶段后，在 2015—2016 学年第一学期的前半学期，姜琳基本能按照辅导员的要求完成各项学习任务。但在坚持学习一段时间后，姜琳懒散的习惯逐渐显现出来，迟到现象非常严重。

在"创新创业教育"课程期末考试时，辅导员发现姜琳找人替考，并当场抓住了替考的人员。经过询问了解到：姜琳以 100 元的价格找到送外卖的女生替她参加考试。

二、解决措施

辅导员找到姜琳，就迟到的问题与姜琳进行了交流，并了解到其出现迟到的最主要原因还是作息时间不规律、自律性差的问题。姜琳虽然平时能较早返回宿舍，但是在上床后，会花很长的时间看视频、聊天等，导致晚上睡觉前大脑处于兴奋状态，经常要到凌晨才能睡着，早上必然就不能按时起床上课。对于其存在的问题，辅导员给姜琳提出几点建议：一是规定晚上睡觉时间，上床后不允许查看手机，努力调整作息时间，并请室友进行监督；二是定好闹铃，并放于桌上，督促其及时起床；三是请室友帮助，提醒自己早上及时起床。

同时辅导员提醒姜琳，《某职业学院学生手册》第三章违纪行为与纪律处分第九条规定：学校对旷课学生实行黄红牌警示制度。3 次迟到或早退计为旷课 1 学时，学期内旷课累计 6~11 学时者，给予黄牌警示；旷课累计 12~19 学时者，给予红牌警示。屡教不改者，按《某职业学院学生违纪处分管理规定》处理。辅导员希望姜琳能在思想上重视迟到的问题，及时调整作息时间，正常出勤参加学习。

在与辅导员谈话后的两周里，姜琳都能准时到达课堂，学习态度明显有所转好。但随着冬天的到来，天气越来越冷，姜琳起床困难的问题再次显现出来，不光迟到，还出现了旷课的情况。

针对姜琳的情况，辅导员与其任课教师进行了交流，了解到姜琳学习态度还有待转变，学习目标也不够明确。每堂课她基本都是最后一个到达教室的，并坐在最后一排，上课时不是睡觉就是玩手机，学习效果并不理想。同时，辅导员通过走访其寝室，与其同寝室同学交流，了解到姜琳的自律性较差，晚上基本都是最后一个上床睡觉的。虽然大家多次提醒其作息时间的问题，但也没有效果；早上有课时，大家都会主动提醒她起床上课，但都没有效果。此外，姜琳还结交了一些外系的朋友，经常外出游玩，晚上回寝室的时间也比较晚。

2016 年 1 月 5 日，辅导员在检查早课的时候，发现姜琳再次旷课。辅导员立即电话联系姜琳，半个小时后姜琳终于来到教室。课后，辅导员首先就其一再旷课的行为进行了严肃的批评教育，告知姜琳《某职业学院学生手册》第三章违纪行为与纪律处分第十七条规定：

一学期内，多次旷课，经教育不改，出现下列情形的，给予相应处分：

（一）3 次迟到或早退计为旷课 1 学时；
（二）迟到或早退累计 20 学时者，给予警告处分；
（三）迟到或早退累计 21~30 学时者，给予严重警告处分；

（四）迟到或早退累计 31~45 学时者，给予记过处分；

（五）迟到或早退累计 46 学时及以上者，给予留校察看处分。

由于姜琳累计旷课已 20 学时，将被给予警告处分。针对姜琳缺乏学习动力的问题，辅导员对其进行了职业生涯规划辅导，希望能帮助其找到职业生涯目标，将主要精力转移到学习上。同时辅导员还将要受处分的情况告知了姜琳的父亲，希望家校配合，共同教育姜琳。

然而，在"创新创业教育"课程期末考试时，辅导员发现姜琳找人替考，并当场抓住了替考的人员。

鉴于姜琳有作弊行为，辅导员立即联系姜琳的父亲，并告知其违纪行为。同时，辅导员立即电话联系姜琳本人，要求其立马返回学校。姜琳却告知辅导员：由于跟朋友玩时不小心撞到了肚子，造成腹腔卵巢破裂，现在正在住院治疗，并将医院检查报告一并发给了辅导员。对于此事，姜琳则对父亲谎称是肺炎，正在治疗，不想耽误考试才找人替考。出于对姜琳身体健康的考虑，辅导员电话联系了姜琳的父亲，告知其真实原因，希望姜琳的父亲或母亲能到医院进行看护，并对姜琳的学习、生活进行进一步的了解。

五天后，姜琳回到学校，并主动到办公室向辅导员承认错误。辅导员首先了解了姜琳的身体状况；然后以长者的身份，希望姜琳能正确处理朋友之间的关系，学会保护自己；最后，告知姜琳根据《某职业学院学生手册》第三章违纪行为与纪律处分第十一条的相关规定，对违反考试纪律、考试作弊者，将给予留校察看处分。

三、总结与启示

姜琳在受到留校察看处分以后，通过认真的反省，真切地意识到自己的问题，在接下去的学习、生活中，均能遵守学校的规章制度，并在毕业前解除了处分，通过补考最终修满学分，顺利毕业。自立性、自律性均差，学习目标不明确的学生，在高职院校中常有见到。部分学生经过辅导员的职业生涯规划辅导后，能找到自己的奋斗目标，但是仍有极少数学生，只有通过严格的规章制度约束，才能促使其顺利完成学业目标。

案例 11　游戏上瘾学生问题处理

一、案例情况

杨贤（化名）是 2017 级学生。刚进校时，他总是在课余时间来办公室询问是否可以帮助辅导员做点什么。在竞选班委时，他成功竞选为学习委员，对自己的工作也尽职尽责，同学们对他十分满意。

一个月以后，杨贤经常给辅导员发信息请假，有时说感冒了要再睡一会，有时说吃错东西了有点拉肚子要在宿舍里休息。辅导员询问他同宿舍的同学，大家都说他最近在忙着打游戏，每天打到深夜，还影响其他同学休息，第二天就找借口请假不上课。于是，辅导员打电话叫他来办公室。半个小时后，杨贤来到了办公室，辅导员将他入校以来的表现罗列给他听，询问他是否遇到了什么问题，需要辅导员帮助。他说没有问题，自己会调整好。辅导员提醒他以后身体不舒服要先到医务科看病，以医务科的诊断作为请假证明，不能到上课时间了随便发条短信给辅导员就算是请假。提醒他要分清主次，作为学生，要以学习为第一要务，打游戏不能影响到正常的生活和学习。宿舍是同宿舍所有同学共同生活的地方，做事情必须要考虑到其他同学，不能影响到其他同学的生活。要求他不能熬夜打游戏，并写一份承诺书，保证安排好自己的学习和生活，拟订好作息计划。

辅导员以沟通学生在校情况、了解学生特点为由，和杨贤的父亲取得了联系，得知杨贤的父母一直在外打工，杨贤自小和姑母、姑父生活在一起，与父母感情淡薄，有时也不接听父母的电话，不愿和父母交流。在上高中以前，杨贤的学习成绩很好，和姑父、姑母的感情也很好。但自从上了高中，杨贤就迷上了打游戏，和父母、姑父母也不太交流，在家的时候基本都是把自己关在房间里玩游戏。辅导员将杨贤在校期间的实际表现情况告诉了他父亲，请他们多和杨贤沟通交流，关心他的情况，督促他保持积极向上的生活状态，管理好自己的学习和生活。

辅导员又与杨贤的姑母取得联系，了解到杨贤刚进入大学时和他们联系频繁，但是最近除了向他们要钱外不再打电话，并且也不接听他们的电话。辅导员也将杨贤进校以来的情况如实告诉了他姑母，请他们多多与杨贤沟通，引导教育他努力学习，远离游戏。

辅导员再次找到杨贤同宿舍的同学，请他们平时多关心杨贤，上课和外出时尽量叫上他一起，多和他沟通交流，和他交朋友，让他在游戏以外的生活中找到乐趣，逐渐淡化游戏在他生活中的分量。

一个星期过去了，杨贤的状态有所好转，能按时作息、按时上课。辅导员找到杨贤，对他的进步予以充分肯定，大力表扬，希望他能坚持下去，同时根据他自己制订的计划，和他一起讨论修改，完善了学习、生活计划，鼓励他按照计划一步步来。

又一个星期到来，周一晚上到了归寝时间，杨贤没有回宿舍，而且手机关机。同寝室同学说他20：00前后还在宿舍，后来拿着手机出去了，大家以为他去打电话或者买吃的，没有在意，现在想来，有可能去网吧了。辅导员和几个班委一面跟杨贤打电话，一面在学校附近的网吧一一搜寻，同时辅导员打电话联系了杨贤的父亲和姑母，将目前的情况告诉他们，并请他们联系杨贤。辅导员也将这一情况汇报给了学院分管书记，并继续找人。但我们把学校附近的网吧都找遍了，杨贤还是没有踪影。杨贤的父母和姑父母也没有联系到杨贤，他们说杨贤肯定是打游戏去了，他只要去了网吧打游戏就不会理睬任何人的。他们说话的语气很轻松，辅导员却担心得不行。

第二天10：00，终于打通了杨贤的电话，说是在网吧，马上回校。辅导员将此情况汇报给学院分管书记，并马上联系了杨贤的父亲和姑父母，请他们务必到校一趟。杨贤的父亲说自己远在外地，委托其姑母来校。

待杨贤到校，辅导员发现他双眼无神、头发蓬乱、脸部浮肿。辅导员叫他先回宿舍睡一觉，睡醒后马上联系辅导员。辅导员去找了宿舍管理员，请她关注杨贤的情况，如果杨贤走出宿舍，请第一时间给辅导员打电话。

14：00，杨贤说自己睡醒了，主动来办公室找辅导员。辅导员询问了他昨晚的去向，他说去了沙坪坝一个网吧打游戏。辅导员将他自己制订的计划书拿出来，让他自己读了一遍，然后对照计划书批评了他的行为，告诉他知晓他未归寝后辅导员和班委所做的事情、辅导员的担心和劳累。杨贤说已经认识到自己的错误。但辅导员知道，即使他已经认识到错误，下次依然会再犯。辅导员让他首先将自己昨晚的事情如实写出来，然后写一份深刻的检讨书。

在杨贤写检讨书的过程中，他的姑母到校了。辅导员向他的姑母细述了杨贤入校以来的表现，将他自己书写的承诺书、计划书拿出来给他的姑母看，把头天晚上事情的经过和辅导员所做的工作详细地告诉了他的姑母。这时，杨贤已经写好事情的经过和检讨书。他的姑母也狠狠批评了他的所作所为。

辅导员当着杨贤和他的姑母的面，要求杨贤必须保证以后不再出现失联的情况，遵守校纪校规，按时上下课，按时归寝；请他的姑母也务必写一份承诺书，若杨贤再犯类似错误，就让他回家调整，要么休学要么退学。杨贤和他的姑母写了承诺书，又一再保证遵规守纪。辅导员当着他们的面打电话给杨贤的父亲说明情况后，也告知他如果杨贤再违规违纪，就要被迫休学或退学。杨贤的父亲表示一定对杨贤严加管教。

又过了一周，杨贤再次旷课外出打游戏。这一次，辅导员知道，承诺、保证都起不了作用，对于杨贤来说，游戏是有瘾的，他的承诺和保证是没有效力的。这一次，辅导员联系了他的父亲和姑母，要求他们将杨贤带回家去调整。

杨贤的姑母到校为杨贤办理了休学手续，杨贤随他的姑母回家了。

随后，辅导员在杨贤所在的班级开了一次"自我管理"主题班会，将杨贤的事情作为案例导入，让大家珍惜大学生活，做好自我管理。该班级本来有两个也爱打游戏的男生，之前看杨贤一直只是被批评教育而没有受处分，于是心理上有所放松，逐渐延长晚上打游戏的时间。这次看杨贤被迫休学回家了，又通过班会认识到作为一个成年人应该学会自我管理、自我约束，他俩深受震撼，逐渐恢复了正常的学习和生活。自此，该班再也没有出现过因为打游戏而耽误学习或者违规违纪的现象。

二、解决措施

（1）由于杨贤多次因打游戏熬夜，第二天找借口请假不上课，于是辅导员打电话叫他来办公室，提醒他要分清主次，作为学生，要以学习为第一要务，打游戏不能影响到正常的生活和学习，不能影响到其他同学的生活。要求他不能熬夜打游戏，并写一份承诺书，安排好自己的学习和生活，拟订计划书。

（2）辅导员以沟通学生在校情况、了解学生特点为由，和杨贤的父亲和姑母取得了联系，将杨贤在校期间的实际表现情况告诉了他父亲和他的姑母，请他们多和杨贤沟通交流，关心他的情况，督促他保持积极向上的生活状态，管理好自己的学习和生活。

（3）辅导员再次找到杨贤同宿舍的同学，请他们平时多关心杨贤，上课和外出时尽量叫上他一起，多和他沟通交流，和他交朋友，让他在游戏以外的生活中找到乐趣，逐渐淡化游戏在他生活中的分量。

（4）又一个星期到来，周一晚上杨贤没有回宿舍，辅导员和几个班委一面跟杨贤打电话，一面在学校附近的网吧一一搜寻。第二天10：00，终于打通杨贤的电话，说是在网吧，马上回校。辅导员将此情况汇报给学院分管书记，并联系了杨贤的父亲和他的姑母，请他们务必到校一趟。

（5）杨贤返校后，辅导员让他睡醒后联系辅导员，并让宿管关注他。杨贤来办公室找辅导员时，辅导员询问了他昨晚的去向。辅导员将他制订的计划书拿出来，让他自己读了一遍，然后对照计划书批评了他的违纪违规行为，告诉他知晓他未归寝后辅导员和班委所做的事情、辅导员的担心和劳累。辅导员让他首先将自己昨晚的事情如实写出来，然后写一份深刻的检讨书。

（6）辅导员向他的姑母细述了杨贤入校以来的表现，将他自己书写的承诺书、计划书拿出来给他的姑母看，把头天晚上事情的经过和辅导员所做的工作详细地告诉了他的姑母。他的姑母狠狠批评了他的所作所为。辅导员当着杨贤和他的姑母的面，要求杨贤必须保证以后不出现失联的情况，遵守校纪校规，按时上下课，按时归寝；请他的姑母也务必写一份承诺书。然后辅导员当着他们的面打电话给杨贤的父亲，说明情况后，也告知他如果杨贤再违规违纪，就要被迫休学或退学。杨贤的父亲表示一定对杨贤严加管教。

（7）又过了一周，杨贤再次旷课外出打游戏。这一次，辅导员联系了他的父亲和姑母，要求他们将杨贤带回家去调整。

（8）辅导员在杨贤的班级开了一次"自我管理"主题班会，将杨贤的事情作为案例导入，让大家珍惜大学生活，做好自我管理。有的同学深受震撼，改掉了不良习惯。

三、总结与启示

学生的行为习惯养成后很难改变，有些学生带着一些不良的习惯来到大学。辅导员在教育管理中要及时发现此类学生并及时纠正，同时，要让这些学生学会承担责任。

案例 12　降级学生学业问题处理

一、案例情况

张琦（化名）是一名因学分问题被降了两次级到 2017 级的学生，如果在 2017 级再修不满学分，将没法获得毕业证，学籍也无法保留了。

辅导员找到张琦谈了一次，从他面临的现实情况入手，告诉他必须要在今后的学习中保证认真负责，否则三年后将无法正常毕业。他的同学已经外出实习，有些同学已经找到了比较好的工作，他已经落后了一大截，如果后面不努力，将落下更多。同时，要求他制订学习计划，遵守校纪校规，保证顺利拿到毕业证，每个月总结一次近期学习情况并跟辅导员汇报。在此基础上，尽量提升自己的综合素质，为就业做好充分的准备。张琦表示自己很清楚自己的实际情况，为此也十分担忧，以后一定遵守校纪校规，注意努力学习，争取能顺利毕业。

二、解决措施

辅导员找到张琦以前的两个辅导员，了解到张琦经常旷课，所以才落下这么多学分。张琦的父亲比较关心他的学习，而且有一定社会资源，可以为张琦毕业后找工作提供帮助。辅导员给张琦的父亲发了信息，告诉他如果张琦不能在这一级正常毕业，将失去学籍，不能再在学校学习。希望他也督促张琦好好学习，辅导员也会将张琦的情况随时和他沟通。

辅导员提醒班级学习委员一定要注意张琦的到课情况，如没有到课，就及时告诉辅导员；并且将张琦安排在班长的宿舍里，让班长随时关注他的情况。

一个月过去了，张琦遵守校规校纪，能按时上下课。张琦将他的总结交给辅导员，辅导员让他谈谈他一个月来完成了哪些计划，有什么感想。张琦说自己完成了按时上课听讲和遵守校规校纪，和班级同学也相处融洽，但是感觉有些力不从心，早上总是有点起不来，现在在努力坚持。辅导员对他遵守诺言、践行计划的行为大为赞赏，告诉他坚持是一件很难的事情，但是他做到了，很不错。现在感觉力不从心，说明以前确实偷懒了很多，因为他现在做到的只是作为一名大学生最基本的事情，其他同学每天都在做并且不会觉得困难。既然以前落下了，现在要追赶，肯定要加倍努力才行。多看看那些优秀的同学是怎么安排自己的学习和生活的，向他们学习和讨教。提醒他多和班长沟通，因为他们的班长是一名非常优秀的学生。班长的学习基础也不好，但是非常努力，所以现在学习成绩直线上升，而且学习与生活都打理得井井有条。张琦说自己会继续坚持，并多向其他同学学习。

第二个月，张琦旷了一次课，那天他说自己实在起不来，天太冷了，不想动。辅导员把他的计划表拿出来，在他写的"坚持按时上课"那句话下画上了一条红色的长线，要求他当着辅导员的面将闹钟从一个改为三个。并且告诉他，如果下次再旷课，辅导员将要求他早上上课前先来办公室签到。如果这样，他将不得不至少提前10分钟起床。同时，辅导员告诉他，第一个月能坚持，说明他并不是做不到，只是他身体里的懒虫在作怪。作为一个成年人，作为一名学生，按时上课是最基本的要求。

第三个月，张琦迟到了一次，辅导员在他写的"坚持按时上课"那句话下再次画上了一条红线。首先肯定他连续三个月几乎没有旷课的表现，然后让他分析一下自己一次旷课和一次迟到的原因，再制定改进的措施。他说自己还是以前懒惯了，现在要早起上早课，对他来说难度很大，但是他一直在努力坚持，所以基本能按时上课。一次旷课一次迟到就是自己放纵了一下，以后会更加严格地要求自己。辅导员将学生手册中关于迟到、旷课的管理规定翻给他看，告诉他如果再有迟到、旷课就有可能要被给予黄红牌警示，如果累计次数达到处分线了，将给他的顺利毕业又设了一道关卡。

一个学期过去了，张琦很顺利地完成了自己的学习，也没有被给予黄红牌警示。期末的时候，辅导员找到他，对他的表现给予了肯定和表扬，叫他寒假好好休息，但是一定要注意作息时间，不要天天睡懒觉，以免下学期开学时又要经历一个调整期，影响自己的计划。张琦愉快地答应了。

2018年春季开学报到，辅导员找到张琦，询问他的寒假生活，提醒他现在开学了，得把自己的计划放在心里，每天提醒自己按时上课。辅导员将他的计划拿出来，和他一一重温了一遍，并给他复印了一份让他贴在自己的床头。辅导员鼓励他努力坚持，上学期已经是一个很好的开始了。

一个好习惯养成不易，毁掉却很容易。开学刚刚两周，张琦就旷课两次、迟到一次。每一次他都说自己再也不会犯了，但还是在继续犯。辅导员知道他之前的坚持被一个寒假毁掉了。辅导员找到他，将他的计划拿出来，用红笔在他写的"坚持按时上课"那句话下面画上了第三条红线，并分别标明了日期。辅导员让他自己说说自己的想法。他说自己在寒假里天天都睡到中午才起来，现在却要早起，有点受不了。辅导员拿来他的课表，和他一起分析，一周只有三天有早课，需要早起。辅导员说一周七天，你只需早起三天，一定要坚持。你可以想想，假如你现在工作了，迟到会怎么样？你可以问一下你之前的同学，看看他们迟到会受到什么处罚。你再过两年也要参加工作，如果你现在养成了良好的习惯，进入职场的时候，你就不会觉得那么痛苦了。张琦表示自己会继续坚持，绝不再旷课迟到。

在接下来的四个多月时间里，张琦还是又迟到了一次，但对于他来说，能做到这样真的已经很不容易了。这学期结束时，辅导员再次找到他，在他写的"坚持按时上课"那句话下面又加上了一条红线，标上了日期。辅导员说你已经来 2017 级差不多一年了，辅导员对你在 2015 级、2016 级的表现有所了解，对比之前，你这一年的进步可以说是突飞猛进，让辅导员很惊喜也很欣慰，同时也看到了你的潜力，你其实是可以管理好自己的，如果继续努力，会有更多进步。张琦也表示自己看到自己的进步，都不敢相信是自己，但是自己做到了，还是很高兴。辅导员叫他暑假好好规划一下，不要又睡回去了。同时，辅导员给张琦的父亲发了信息，将张琦这一年的表现告诉了他，表扬了张琦的进步，同时希望他能督促张琦继续进步。

此后，张琦对自己要求严格，没有再出现因旷课受到警示和处分，但是他的学习基础太弱，还是有挂科现象。辅导员提醒他早点准备重补修，安排好自己的学习。2020 年 6 月 30 日，张琦顺利毕业。

辅导员的工作总结：

（1）辅导员就和他谈了一次，从目前他面临的现实情况入手，告诉他实情，必须要在今后的学习中保证认真负责。

（2）同时，要求他制订学习计划，遵守校纪校规，保证能顺利拿到毕业证，每个月总结一次并跟辅导员谈一下具体情况。在此基础上，尽量提升自己的综合素质，为就业做好充分的准备。

（3）辅导员找到张琦之前的两个辅导员，了解到张琦经常旷课，所以才落下这么多学分。张琦的父亲比较关心他的学习，而且有一定社会资源，可以为张琦以后找工作帮忙。辅导员联系了张琦的父亲，希望他也督促张琦好好学习，辅导员也会将张琦的情况随时和他沟通，并提醒学习委员注意张琦到课情况，如没有到课，就及时告诉辅导员。并且将张琦安排在班长的宿舍里，让班长随时关注他的情况。

（4）辅导员对他遵守诺言、践行计划的行为大为赞赏，告诉他坚持是一件很难的事情，但是他做到了，很不错。现在感觉力不从心，说明以前确实偷懒了很多，因为他现在做到的只是作为一名大学生最基本的事情，其他同学每天都在做并且不会觉得困难。既然以前落下了，现在要追赶，肯定要加倍努力才行。多看看那些优秀的同学是怎么安排自己的学习和生活的，向他们学习和讨教。提醒他多和班长沟通，因为他的班长是一名非常优秀的学生。班长的学习基础也不好，但是非常努力，所以现在学习成绩直线上升，而且学习与生活都打理得井井有条。

（5）第二个月，张琦旷了一次课。辅导员在他写的"坚持按时上课"那句话下画上了一条红色的长线。要求他当着辅导员的面将闹钟从一个改为三个。并且告诉他，如果下次再旷课，辅导员将要求他早上上课前先来办公室签到。同时，辅导员告诉他，第一个月能坚持，说明他并不是做不到，只是自己身体里的懒虫在作怪。作为一个成年人，作为一名学生，按时上课是最基本的要求。

（6）第三个月，张琦迟到了一次，辅导员在他写的"坚持按时上课"那句话下面再次画上了一条红线。辅导员首先肯定他连续三个月几乎没有旷课的表现，然后让他自己分析一下自己旷课和迟到的原因，自己制定改进的措施。

（7）期末的时候，辅导员找到他，对他的表现给予了肯定和表扬。

（8）2018年春季开学报到，辅导员找到张琦，询问他的寒假生活，提醒他现在开学了，得把自己的计划放在心里，每天提醒自己按时上课。辅导员将他的计划拿出来，和他一一重温了一遍，并给他复印了一份让他贴在自己的床头。辅导员鼓励他一定可以做到，上学期已经是一个很好的开始了。

（9）辅导员知道之前的坚持被一个寒假毁掉了。辅导员找到他，将他的计划拿出来，用红笔在他写的"坚持按时上课"那句话下面画上了第三条红线，并分别标明了日期。辅导员让他自己说说想法，并帮助分析解决。

（10）在接下来的四个多月时间里，张琦还是又迟到了一次，但对于他来说，能做到这样真的已经很不容易了。这学期结束时，辅导员再次找到他，在他写的"坚持按时上课"那句话下面又加上了一条红线，标上了日期。同时，辅导员给张琦的父亲发了信息，将张琦这一年的表现告诉了他，表扬了张琦的进步，同时希望他能督促张琦继续进步。

三、总结与启示

学生不能按时完成某个事情，大部分原因是无法督促自己，由于懒，导致自己一再被留级。这是不可取的行为。辅导员应该帮助这类学生制订学习计划，并做到随时督促。

案例13 复学学生学业问题处理（1）

一、案例情况

乌朋（化名），原为2016级学生。2018年4月休学，2018年9月复学到2017级。办理复学手续时，辅导员与他谈心，了解到他在学校没有一个朋友，不喜欢与人交流，但对专业学习没有感到太大压力，要求不换寝室。辅导员要求他按时上课，积极和同学们交流交往，遵守校纪校规，尊重他的意愿，不换寝室。但在后续的学习生活中，乌朋不参加班级活动，不与班级同学交流，也不和寝室同学交流，经常旷课，一个人在寝室里玩游戏。辅导员多次跟他谈心，要求他按时上课，多和同学交流，并按照《学生手册》相关规章制度给予了黄红牌警示，还召开了旷课学生专题教育会议，要求乌朋有早课的时候到办公室签到，同时联系了乌朋的父母，将他的情况告诉了其父母，请其父母和辅导员一起做好他的教育引导工作。但在元旦放假返校后，乌朋不上课，不回复辅导员、同学的信息，不接听电话。辅导员联系乌朋的父亲，要求他每天联系一次乌朋，请家长关注他的情况，并建议给他办理休学手续，让家长把孩子带在身边调整一段时间。

2019年1月11日，经过辅导员反复沟通，乌朋的父亲决定当天晚上与乌朋的母亲一起坐飞机回到重庆，周末和乌朋好好沟通一下，第二个星期和乌朋一起到办公室协商处理乌朋的事情。请辅导员帮乌朋办理请假事宜。辅导员再次打电话给乌朋，乌朋接了电话，说他在南坪的家里，和舅舅在一起。辅导员将这个信息反馈给乌朋的父亲，他父亲也表示乌朋已经联系了他。

1月12日7：52，乌朋的妈妈询问了乌朋的课程安排，并说乌朋到学校去了，他们会到学校去和乌朋见面。

1月13日14：37，乌朋的爸爸打电话给辅导员说联系不上乌朋了，他们一直没有见到乌朋，打电话也不接，不知道人去了哪里。辅导员立即联系乌朋，发现打不通电话，于是安排学生干部去寝室寻找，也没有发现乌朋。因为乌朋平时没有朋友，他寝室的同学都不知道他的电话号码，也不了解他的去向。辅导员只能不断地给乌朋打电话、发信息。乌朋的爸爸说周五就没联系上，但辅导员这边联系上乌朋，也给乌朋的爸爸发了信息反馈，乌朋的爸爸自己也发了信息说和乌朋联系上了。且周五乌朋的班级班长打电话给乌朋的妈妈，乌朋的妈妈也说乌朋和他舅舅在一起。但乌朋的舅舅又打电话来说人找不到了，问辅导员怎么办。他们不赞成报警找人，说要和辅导员见面谈。辅导员立即向学院分管学生管理工作的党总支书记汇报了此事。党总支书记询问了乌朋的出勤、请假等情况，立即做出了指示，要求先通过安抚的方式试图与乌朋联系，并安排了学生工作办公室主任联系乌朋并处理此事。

辅导员立即赶往办公室，将与乌朋有关的所有材料进行了梳理，准备在办公室面见家长；同时联系了乌朋同寝室的同学到办公室，要求他们通过各种途径尽量联系乌朋，也联系了乌朋所在班级班委到办公室，请他们将乌朋平日的表现告诉家长。

13日16：50前后，乌朋的父母和舅舅来到办公室。乌朋的舅舅说乌朋和他儿子在一起，只是不愿见父母，人是安全的。辅导员将乌朋的在校情况结合相关材料一一告知家长，乌朋的家长一致要求给乌朋办理休学手续。学生工作办公室主任给家长讲解了学校的规章制度、办理休学的流程等。辅导员留了乌朋的母亲的身份证复印件（乌朋的父亲没带身份证）、他父母的休学意见、他父亲手写的委托书。并告诉乌朋的家长让乌朋本人写休学申请书拍照发来，尽快为他办理休学手续。

14日，乌朋本人的手写申请书还没有拍照发来，他本人不接听辅导员的电话，也不回复辅导员的信息。辅导员再次联系乌朋的家长，催促他们尽快办理休学手续。

15日，乌朋终于发来了相关材料，辅导员立即为他办理了休学手续。

二、解决措施

（1）辅导员与乌朋谈心，了解他的大概情况。

（2）由于他多次独来独往，经常旷课，因此辅导员多次跟他谈心，要求他按时上课，多和同学交流，按照《学生手册》相关规章制度给予了黄红牌警示，并召开了旷课学生专题教育会议，要求乌朋有早课的时候到办公室签到，同时联系了乌朋的父母，将他的情况告诉其父母，请其父母和辅导员一起做好他的教育引导工作。

（3）在元旦放假返校后，乌朋不上课，不回复辅导员、同学的信息，不接听电话。辅导员联系乌朋的父亲，要求他每天联系一次乌朋，请家长关注他的情况，并建议给他办理休学手续，让家长把孩子带在身边调整一段时间。

（4）2019 年 1 月 11 日，经过辅导员反复沟通，乌朋的父母决定当天晚上坐飞机回到重庆，和乌朋好好沟通一下，第二个星期一和乌朋一起到办公室协商处理乌朋的事情，并请辅导员帮乌朋办理请假事宜。辅导员再次试图打电话给乌朋，并将乌朋在其舅舅家这个信息反馈给乌朋的父亲，他父亲也表示乌朋已经联系了他。

（5）1 月 13 日 14：37，乌朋的爸爸打电话给辅导员说联系不上乌朋了，辅导员立即联系乌朋，发现打不通电话，于是安排学生干部去寝室寻找，也没有发现乌朋。辅导员立即向学院分管学生管理工作的党总支书记汇报了此事。党总支书记询问了乌朋的出勤、请假等情况，立即做出了指示，要求先通过安抚的方式与乌朋联系，并安排了学生工作办公室主任联系乌朋并处理此事。

（6）13 日 16：50 前后，确认了乌朋人身安全。

（7）辅导员将乌朋的在校情况结合相关材料一一告诉家长，乌朋的家长一致要求给乌朋办理休学手续。学生工作办公室主任给家长讲解了学校的规章制度、办理休学的流程等。后为乌朋办理了休学手续。

三、总结与启示

辅导员要特别关注复学学生，特别是因为厌学而休学的学生，从复学那一刻起就要时刻关注跟进，一旦出现问题要及时处理。

案例 14　复学学生学业问题处理（2）

一、案例情况

2019 年 9 月开学，覃飞（化名）复学到 2017 级。在得知她要复学来辅导员所在的班级后，辅导员赶紧找到她原来的辅导员了解她之前的情况，了解到她是广西人，父母早年离婚，她跟随母亲一起生活，母亲后面嫁人又生了一个孩子。覃飞在外做美容行业，收入还不错，她母亲还会问她要钱。她有赚钱能力，但是经常旷课，不愿住学校寝室。

覃飞将复学的通知单给辅导员后，辅导员询问了她为什么休学，现在有什么打算。覃飞说自己因为要创业所以休学了，现在和另一个人合伙在观音桥租了一个门面做美容美甲，店铺已经开起来了，就来复学了，后面打算一边学习一边打理自己的店铺。她说为了方便自己打理店铺，所以申请走读，她在办理复学手续时就没有申请宿舍，现在在学校附近租房住。辅导员将申请走读的文件拿出来给她逐一解读，告诉她只有两种情况可以走读，一是家就在学校附近，有房产证明的；二是因身体特殊原因不适合住集体住宿的，需要医院开具证明材料，并需要家长陪同居住。辅导员说马上联系后勤给她安排宿舍，但她说自己马上提供医院证明材料，说自己身体不好，集体宿舍太吵，她无法安睡，既会影响她的学习也对她的健康造成伤害。辅导员要求她马上办理走读手续，在未完成走读手续之前必须由家长每天发请假外宿的信息，并登记了她校外租住的具体地点和联系人及联系方式。辅导员将办理走读手续的相关说明和材料发给了她，并当面联系了她的母亲询问情况，她的母亲说让她在外租住，并同意配合办理走读手续和发请假信息。辅导员将走读存在的安全隐患告知覃飞和她的母亲，将学校对于走读生的相关管理要求告知她们母女俩，并把办理走读手续的相关材料要求发给她们。因她母亲说自己远在广西，工作繁忙，无法到重庆亲自为女儿办理走读手续，辅导员要求她手写覃飞走读的同意意见，手持身份证和意见露脸拍照发过来，同时手写安全责任承诺书，手持承诺书和身份证露脸拍照发过来。辅导员非常赞赏覃飞的创业能力，但提醒她现在作为大学生，必须遵守校纪校规，按时上下课，积极参加学校的各项活动。辅导员将班级课表发给她，让她加入班级群，并让班级班长和她见面，让班长将班级情况告诉她，带她到班级熟悉环境。

覃飞随着班长去了班级，辅导员发信息给班委，请他们多关注新同学，多和她沟通交流。

　　第2天，辅导员询问覃飞是否已经准备好办理走读的材料，覃飞说准备好了，并将自己填的走读申请表交给辅导员。辅导员一看，上面字迹潦草、错别字连篇，在家长签字栏处还签了她自己的名字。辅导员在她的申请表上将她的错别字逐一标出，并注明每个地方应填写的内容，重新给她打印了一张空表，让她再次填写。在辅导员的指导下，她填好了申请表。辅导员让她把医院证明和家长的意见以及安全责任承诺书的照片交来。

　　到了下午下班时间，辅导员再次询问她，她说明天交。辅导员提醒她如果明天再不提交材料，辅导员就必须给她安排宿舍。辅导员联系了她母亲询问情况，她母亲说自己弄不好。辅导员告诉她明天务必提交材料，否则覃飞需要住学校宿舍。

　　第3天，辅导员再次询问覃飞材料是否准备好了，覃飞将医院证明发给辅导员，将她母亲拍的照片发过来，可是照片太模糊，看不清字迹，只能看到她妈妈的脸。辅导员联系她和她的母亲，请她们提供清晰的照片，却没有了消息。辅导员告诉她们要给覃飞安排学校宿舍，从当天晚上开始，就要按照在校住宿的学生管理。辅导员把学生宿舍管理相关规章制度拍照发给了覃飞和她的母亲，嘱咐覃飞遵守。

　　当天晚上，宿舍管理员反映覃飞没有归寝，辅导员立马打电话给覃飞，她说自己在自己租的房子里，被子等物品都还没有搬过去，所以现在没法去寝室住宿。辅导员要求她第二天务必将物品搬回宿舍，同时要求她母亲发请假信息给辅导员。第二天，覃飞没有按时来上课。辅导员打电话询问情况，她说自己店铺里有事，不能赶回来。辅导员要求她有事必须按照要求办理请假手续，不能这么没有规矩意识，询问她走读材料的准备情况，她说下午可以交过来。辅导员联系覃飞的母亲，将覃飞没有在宿舍住宿和旷课的情况跟她说明了，并告诉她学生两次夜不归寝将被给予红牌警示，旷课六节将被给予黄牌警示。覃飞当天下午没有交来走读的材料，晚上再次没有回寝。辅导员再次联系了她本人和她的母亲，告诉她们学生两次夜不归寝要给予红牌警示，要求她第二天到校来办公室找辅导员。辅导员将她的情况汇报给了二级学院主管书记。覃飞第二天来了办公室，拿走了红牌警示单，写了承诺书，提交了走读的材料。辅导员提醒她务必要按时上下课，让班长带着她办理完了走读手续。

覃飞坚持了一周按时上下课后，又开始迟到早退甚至旷课。辅导员每次都立即打电话向她了解情况，批评她的行为，讲明利害关系，也给她的妈妈打电话说明情况，要求她的妈妈一定要督促她遵守校纪校规。当她旷课累计达到6次的时候，辅导员给予了她黄牌警示，并要求她写承诺书，不能再迟到早退或旷课。覃飞就写了一句话"不迟到旷课早退"，没有开头没有结尾，甚至没有签名没有日期。辅导员在网上搜了一份承诺书的模板打印给她，让她按照格式来写，同时告诉她好好思考一下，是不是愿意用心学习，是不是愿意遵守校纪校规，如果自己确实不愿意遵守学校的规章制度，要么休学要么退学。一个上午她都没有写出来，说自己不会写，但自己是愿意继续读书的。最后，她就按照格式写了一份承诺书，在"不迟到旷课早退"后面加了一句"遵守校纪校规"。

辅导员以为这一次她会遵守承诺，但很快，她就开始迟到、旷课。无论辅导员给她说什么讲什么，怎么给她的妈妈讲，最后都没有效果。到旷课累计12节时，辅导员按照《某职业学院学生手册》给了她红牌警示，并再次把《某职业学院学生手册》学生日常行为管理规定中第三章学习行为管理条款逐一读给她听，将相关内容拍照发给她的母亲。

10月24日，学校教务处发文，覃飞因为学分问题，要被延长学习年限并编入下一年级就读。教务处要求她参加学籍管理相关会议，辅导员将相关通知发给了她，并叫她按照要求可以提出自己的意见和申请。但是她没有去参会也没有提出申请，也不去按照要求办理相关手续。辅导员把情况告诉了下一年级的相关辅导员，大家都一直在催促她，联系她的家长。几天后，她终于办理了手续，将需要交给辅导员的单子给了辅导员。辅导员叫她赶紧去与下一年级的辅导员见面，尽快熟悉新的班级。

辅导员以为她会安心在下一年级读下去，结果她一直不去找下一年级的辅导员，还私自买票去韩国学习整容技术，回国了也不来学校。辅导员和下一年级的辅导员多方联系她，她都敷衍辅导员，她的母亲也说自己没有办法，孩子大了，管不了了。通过多方联系沟通，她终于回校办理了退学手续。希望她能在自己创业的道路上越走越好吧。

二、解决措施

（1）在得知她要复学来辅导员所在的班级后，辅导员赶紧找到她原来的辅导员了解她之前的情况。

（2）覃飞将复学的通知单给辅导员后，辅导员询问了她为什么休学，现在有什么打算。了解情况后，辅导员告诉她辅导员非常赞赏她的创业能力，但提醒她现在作为大学生，必须遵守校纪校规，按时上下课，积极参加学校的各项活动。后让班委带领她进班。

（3）覃飞开始迟到、早退，甚至出现旷课情况，辅导员每次都立即打电话给她了解情况，批评她的行为，讲明利害关系，也给她的妈妈打电话说明情况，要求她的妈妈一定要督促她遵守校纪校规。同时告诉她好好思考一下，是不是愿意用心学习，是不是愿意遵守校纪校规，如果自己确实不愿意遵守学校的规章制度，要么休学要么退学。

（4）很快，她就又开始迟到、旷课。无论辅导员给她说什么讲什么，怎么给她妈妈讲，最后都没有效果。到旷课累计 12 节时，辅导员按照《某职业学院学生手册》给了她红牌警示，并再次把《某职业学院学生手册》学生日常行为管理规定中第三章学习行为管理条款逐一读给她听，将相关内容拍照发给她的母亲。

（5）10 月 24 日，学校教务处发文，覃飞因为学分问题，要被延长学习年限并编入下一年级就读。

（6）通过多方联系沟通，她终于回校办理了退学手续。

三、总结与启示

辅导员挽救不了所有人，当经过多种努力还是不能改变学生时，只能顺应学生和家长的要求，让他（她）离开学校，不要影响其他人。

第二节　学生行为管理案例

案例 1　破坏公物学生问题处理

一、案例情况

王虎（化名），男，工商管理学院 2017 级物流专业 A1701 班级学生。2018 年 6 月 21 日，王虎因心情较差，与同班同学在外吃烧烤喝酒，23：45 从学校东大门返回学校，晚归属实。同学担心其与学校保安发生冲突，紧随其后。幸好返校时其并未与保安发生冲突。同公寓宿管老师联系后登记信息，然后进入学生公寓 F 栋。王虎在进入公寓门口时，身体不受控制，失手将宿舍入口处仪容镜打碎。王虎此时处于醉酒状态，意识不太清醒，回到自己寝室后便倒头呼呼大睡。6 月 22 日上午，王虎同学睡醒后意识到事情的严重性，找宿管老师主动承认错误。恰好宿管老师通过监控确认是他将仪容镜打碎。随后王虎同学积极同宿管老师处理仪容镜赔偿问题，希望能弥补过失，并主动将情况上报辅导员。

二、解决措施

辅导员首先对王虎同学晚归违纪情况进行了严肃批评。该生身为班干部，入校以来一直表现良好，并无其他不良表现，其团队在校园十佳歌手比赛中还荣获第一名。但是因为自己心情不好，就到校外酗酒，且造成晚归的违纪事实，没有起到一名班干部应有的带头作用。明知自己酒量一般，还喝了超出自己平时酒量的酒，致使失手打破仪容镜。虽然是自己失手造成的，但是也是因为自己醉酒误事。事情发生后，王虎同学及时向辅导员汇报自己的违纪情况，表示悔恨喝酒后控制自身行为有些困难，导致自己失手将仪容镜打碎的事实，同时表示积极赔偿损失并保证绝不会再犯类似错误。根据《某职业学院学生手册》（2017 修订版）第三章违纪行为与纪律处分第九条：故意损毁公私财物，情节较轻者，给予警告直至记过处分，并赔偿损失；情节严重、性质恶劣者，给予留校察看及以上处分，并赔偿损失，结合其实际情况为喝酒后行为不受控制失手损毁公共物品，无主观故意，事后主动要求赔偿损失，该生认错态度好，积极解决问题，学校决定从轻处理。处理结果如下：①赔偿因失手打碎仪容镜而产生的相关损失；②深刻检讨自身不良行为，并写不少于 3 000 字的情况说明书；③规范约束自身行为，义务配合宿管老师开展寝室整顿工作。

等王虎同学已彻底清醒，辅导员主动找王虎同学谈心，了解其最近遇到的困惑和困难。原来王虎同学因为和女朋友闹分手，造成自己情绪低落，所以才约了几个要好的朋友外出喝酒。辅导员告诉王虎同学，作为一个男子汉，需要有责任心和担当，损坏公物，需要照价赔偿，这个钱最终损失的还是父母的血汗钱。真正的男子汉应该要做到控制自己的情绪，对自己的行为要约束，希望王虎同学通过这个事情，能够吸取教训，能够真正成长。后面遇到困难，可以随时电话、QQ 或者直接到办公室咨询，辅导员随时欢迎。

三、总结与启示

辅导员要引导学生释放自己内心的不良情绪，遇到解不开的结要学会自我调节，做情绪真正的主人。如果实在感觉自我调节有困难，要及时寻求帮助。引导学生感情的事情要顺其自然，情感上的问题和矛盾需要两个人坦诚面对、开诚布公地去交流、沟通。只有两个人彼此真正找到解决问题的方法，这样才能最终走到一起。现在作为学生，应该专心强化专业知识学习，锻炼自己的本领。

案例 2　粗心学生问题处理

一、案例情况

倪玉福（化名），男，汉族，财经学院会计专业 A1804 班学生。辅导员与倪玉福同学在开学迎新之时就有过一面之缘，那是 9 月份的学院，迎新的气氛似乎比天气更加热情洋溢，倪玉福同学在晚间迎新结束的时候，给 2017 级的学长学姐们送来了饮料，以感谢学长学姐们白天对他的帮助。当时辅导员看到这么一个自来熟的同学，以为他是 2017 级的学生，后来才知道他是 2018 级会计专业新生。辅导员跟倪玉福同学的第一次深入交流是在 2018 年 10 月一个星期四的上午。按照学生会值班安排，那天倪玉福同学被推送到 B503 办公室值班。当他走进办公室的时候，辅导员正在和 2017 级学生会干部商量近期活动安排，他招呼了一声"老师，您好"，打断了我们正在讨论的话题。第三节上课铃声响了后，办公室里的学生干部们相继散去，倪玉福坐在值班位置上有些坐立不安。他问有什么需要帮忙处理的事情吗。辅导员让倪玉福同学帮忙核对一个表格信息，他信心满满地回答"没有问题"。但是辅导员在检查的时候发现了好几处错误，让倪玉福再继续认真检查。经过这样几次反复后，仍然发现有错误，于是辅导员批评了倪玉福同学几句。他有些不耐烦，摔门离开了辅导员的办公室。

二、解决措施

中午，辅导员忙完手里的事情后，打开倪玉福同学核对过的表格，发现仍然有几处错误的地方。辅导员打电话给倪玉福同学，请他到办公室来一趟。倪玉福同学嘴上答应尽快到办公室，但是到了15：00仍然没有出现在办公室里。辅导员请2017级的学生干部徐嘉骏（化名）到寝室找到倪玉福同学，并陪同他到办公室B503来。辅导员立即停下了手里的工作，走到倪玉福跟前，指出他在核对数据过程中存在的问题，提醒他做事情要细心，需要多注意细节，并耐心地告诉倪玉福同学，今天之所以反复地让他核对数据、修改数据，就是希望他能养成善于发现问题的习惯。后来倪玉福同学养成了一个好的习惯，在辅导员跟2017级学生会干部交流的时候，他会拿出笔记本在一旁记录，即使这些事情跟他毫不相关。后来在开主题班会、上辅导课的过程中，辅导员讲解一些学生干部的案例，倪玉福同学都集中精神，认真地听，办公室其他辅导员对倪玉福同学也比较认可。

在2018年10月，倪玉福同学报名参加财经学院承办的"拼搏里的青春"辩论赛。在学院内部选拔赛决赛中，他的表现不尽如人意，在确定最终代表学院参赛人员名单的时候，经综合评价考虑，倪玉福落选了正式名单，情绪比较低落。确定名单后，倪玉福问辅导员是否还需要继续训练，辅导员鼓励他作为后备人选继续参与辩论赛训练，一来可以锻炼自己的口才和应变能力，二来也可以担任陪练，帮忙查找资料，有助于提高财经学院辩论队整体水平。在后来的训练过程中，他渐渐有了进步，辅导员也结合专业人士意见，对他进行了指导，尤其是他思维方向上的指导。第一场比赛，面对信息工程学院，他没有上场，在场下观摩比赛，熟悉和研究对手的表现。在赛后总结中，辅导员决定给他一次机会，并基于下一次的题目进行了一对一的指导，让他正视自己的不足。在第三场辩论赛上，辅导员安排倪玉福同学上场，担任二辩。在比赛中，他的发挥有亮点也有缺点。在后面的比赛中，倪玉福越战越勇，并在全校最终决赛中获得了全场最高分的成绩，帮助学院获得了"状元辩论队"的好成绩。在这次活动中，我看到了倪玉福同学的改变，也看到了他为参加比赛所做的努力。看着他改掉一个个小毛病，辅导员也感到很欣慰。

在2019年4月，辅导员被调离了原来的岗位，日常处理班级事务让辅导员的工作也更加繁重了起来。为了更好地了解他们课余生活的真实情况，辅导员经常悄悄深入男生宿舍暗访。一次，在查寝的过程中，倪玉福同学在打着游戏，辅导员都走到身后了他还浑然不知。寝室内杂乱不堪，还散发着外卖盒子的味道。辅导员拍了下倪玉福他才反应过来，可见其入迷之深。辅导员严肃地批评了他们：作为他们生活的场所，寝室环境维护是最基本的要求。宝贵的课余时间不能沉迷于游戏而挥霍掉。辅导员见到过太多大学期间沉迷游戏而在毕业时茫然无措的同学。要根据自己的情况给自己制定一个切实可行的职业生涯规划，树立明确的目标，让自己能够一步一步脚踏实地地活出一个大学生该有的样子。在后面的课堂中，辅导员也针对这个问题对所有的学生进行了强调。倪玉福同学在受到批评后也迅速做出了改变，在后面的查寝中虽说没有全都在读书学习，但也没有再玩游戏，并且所在寝室多次被评选为文明寝室，寝室氛围变得更好了。辅导员深信人能够影响环境，反过来环境也能够影响人。寝室环境的维护需要每个室友都行动起来，共同打造良好的学习氛围。

三、总结与启示

改正错误需要趁热打铁，在学生犯错的第一时间对其进行指导有利于学生及时发现错误和改正错误。不良习惯的养成往往就是因为辅导员多次的不注意，导致学生对自己的行为评判标准出现偏差，进而一错再错。

案例 3　学生寝室打架纠纷处理

一、案例情况

李单（化名），女，18 岁，财经学院会计专业 A1709 班学生，单亲家庭，现和妈妈、姐姐生活。

王露（化名），女，19 岁，财经学院会计专业 A1701 班学生，家有四口人，爸爸在云南工作，妈妈在家里照顾弟弟和老人。

陈飞亚（化名），女，19 岁，财经学院会计专业 A1701 班学生。

王宇（化名），女，18 岁，财经学院会计专业 A1701 班学生。

罗琳（化名），女，17 岁，财经学院会计专业 A1701 班学生。

张福燕（化名），女，18 岁，财经学院会计专业 A1701 班学生。

2016 年 12 月 21 日 24：00 左右，寝室里 5 人在聊天，李单独自在用手机看视频（未插耳塞）。寝室长王宇出言干涉，让其调小手机音量，李单反而让大家"全部闭嘴"。短暂的沉默之后，其他四人又小声说起话来，李单就在言语上威胁大家："再出声就半夜叫醒所有人。"于是双方发生争执。

2016 年 12 月 22 日 8：31，李单在个人朋友圈里面发"说说"，影射陈飞亚和王露的非正常朋友关系。陈飞亚和王露两人感觉被侮辱了，个人名誉受到影响。18：00上课之前，王露将李单的座椅踢翻在地。晚上第十二节课下课之后，李单先于其他室友回到寝室，见自己的椅子翻倒在地，就将王露、陈飞亚、王宇和罗琳四个人的个人物品都扔在地上。其他人回来之后，只见寝室里一片狼藉。王露和李单因为床位相对，在收拾东西的时候相互发生了肢体上的碰撞，然后两人就动手互殴了。陈飞亚、罗琳和王宇先后加入劝架行列。在拉扯的过程中，李单倒在地上，隔壁寝室的同学和班干部及时上前制止了打架。事后李单跑到阳台上，拿起废弃的半截塑料晾衣叉杆（断裂那头有破损和铁锈）打人，挥舞过程中打中王露的左眼角外侧，导致出血。班长在第一时间给辅导员打电话，辅导员让班委和室友立即送王露去大学城医院就诊，随后赶去医院查看受伤学生情况。当晚学生工作办公室主任及时赶到医院看望受伤学生并协助辅导员处理事情，并及时向院系分管书记和学生处处长做了情况汇报。

二、解决措施

23日早上，财经学院党总支书记了解情况后，分别与李单、王露等同学进行了深入的沟通。通过交流了解到：

李单性格直爽，易冲动，平时在言语上容易冒犯别人；王露为人善解人意，平时与同寝室的陈飞亚关系较好，但是同样属于冲动型性格。

该寝室之前因为打扫卫生等小事情，李单与王宇等人发生过言语上的冲突行为。（21日）24：00之后因为作息时间问题，寝室内部引发了言语上的争执。22日早上李单在朋友圈里发表"说说"，影射陈飞亚和王露的非正常朋友关系，该"说说"成为引爆晚上打斗行为的导火线。

李单与王露发生肢体上的冲突之后，陈飞亚、罗琳和王宇先后加入拉架行列，最后隔壁寝室的同学加入拉架行列，制止了双方的打斗。

在打斗停止期间，李单拿起阳台上的半截破损的晾衣叉杆打人，晾衣叉杆划破了王宇的羽绒服外套，并划伤了王露的左眼外侧。

王露已经于22日晚上在大学城医院进行过相应治疗，因为伤口愈合需要，后续还需要持续一周的伤口消炎治疗。

了解情况之后，财经学院党总支书记从学院领导和女性长者的双重身份出发，从寝室公共生活空间法则——相互理解和相互包容人际沟通法则、日常生活中的矛盾处理技巧等方面给寝室的所有同学上了生动的一课，并希望李单和王露等同学，把精力集中到学习上，并协调处理好这起寝室矛盾。同时提出如下要求：

（1）珍惜同寝室同学之间的缘分，正确看待室友之间的差异，尽可能地站在他人角度思考和解决问题。针对来自不同成长环境、教育背景和文化传统的人，"求同存异"是最基本的相处法则。

（2）尝试用理性的、适度的、不伤害他人正当利益的个人情感宣泄和表达方式释放内心的不良情绪。尽量不通过网络等公共平台来宣传和扩大个人负面情绪影响。

（3）反思个人在寝室纠纷中的所作所为，吸取教训，学习适合个人的情绪管理和控制方法，逐步提升解决问题和协调矛盾的能力。

对于书记提出的建议和要求，李单和王露表示同意并予以感谢。针对李单的情绪和性格情况，财经学院将继续做好其思想政治教育工作、留意其后续的发展动态。具体处罚结果以及医药费处理等其他情况近期尽快做情况汇报。

三、总结与启示

辅导员处理学生寝室打架经验分享：

（1）辅导员处理这种学生寝室打架事件，需要及时赶到事发现场，安抚双方的情绪，及时将打架双方进行分离，先查明具体打架原因。但是处理的目的不是惩罚也不是安抚，而是为了让学生学会寻找解决问题的办法。

（2）找到双方的矛盾点，让双方写下整个事件的行为自述，再写下检讨书，让双方认识到自己冲动的后果。

（3）及时通知双方的家长，请双方的家长到学校会谈，弄清事情发生的客观经过，家长和辅导员一起做学生的思想教育工作。

（4）整个事件处理完后，辅导员应该开一次班会，组织学生讨论、交流解决寝室人际交往矛盾的具体方法，鼓励大家加强同学之间的沟通。

案例4　学生醉酒打架问题处理

一、案例情况

2019 年 3 月 16 日 3：00 左右，某校学生在学校东门外夜市发生一起群体性斗殴事件，涉及该校 6 个学院共 11 名学生。

沙坪坝区公安局提供的调查结果：

2019 年 3 月 16 日 3：00 左右，马林（化名）、格路（化名）在重庆某高校校外夜市和路人发生口角，刘小忠（化名）在劝架过程中被格路殴打。后刘小忠的朋友谢宇庭（化名）、李鹏飞（化名）、陈正伟（化名）、刘卓马（化名）和马林、格路发生口角进而发生打斗，双方互有受伤，好在伤情稳定。在此期间，刘卓马用啤酒瓶碎片将马林脖子划伤，马林同样用酒瓶碎片割伤刘卓马。经调查，谢宇庭、李鹏飞、陈正伟、刘卓马和马林、格路对殴打他人的事实供认不讳。

以上事实有当事人的陈述、证人证言、现场视频截图、到案经过等证据证实。根据《中华人民共和国治安管理处罚法》第四十三条第一款之规定，以上 6 人构成殴打他人的违法行为，可以对其处 5 日以上 10 日以下拘留，并处 200 元以上 500 元以下罚款。但因上述人员均为在校学生，综合考虑校方意见及社会影响，建议由学校对上述人员酌情进行处理。

对于另外 5 人，警方并未出具调查结果。目前所确认的事实是：这 5 人均为当晚晚归，案发后被虎溪派出所带走留置。据学校安全管理处和警方口头表述，这 5 人当时有部分是因拉架劝架而介入本案，不构成参与打架斗殴，所以尚没有开具情况说明。

二、解决措施

（1）向上级领导汇报，及时到派出所了解情况。辅导员收到相关情况汇报之后，第一时间赶赴沙坪坝虎溪派出所，并向所属领导具体汇报情况。到达派出所后，派出所民警已经做出了情况记录，界定为普通民事事件。

因涉事双方均为在校学生，派出所建议将学生带回学校由学校方面进行处理。辅导员请示上级领导后，与派出所民警协商并将学生带回学校。

（2）联系相关学生家长，并带受伤学生鉴定伤情。辅导员将学生带回学校后，随即与相关学生家长联系，详细说明事情经过。

（3）分别谈话，严肃处理。通过辅导员、院系领导及时处理协商，并对当事人进行严肃的批评教育，事态迅速平息。根据《学生违纪处理办法》的相关规定，学校讨论决定，给予当事人马林、格路留校察看处分。刘小忠医疗费用由马林、格路共同承担，对其他参与打架的同学给予严重警告、记过等处分，同时将当事人双方情况及时通知其家长。

从上面的事件中我们可以发现，学生晚上晚归、夜不归寝存在较大安全隐患，学生外出酗酒易引发打架斗殴事件。一个小小的口角在很短的时间内演变成群体斗殴事件，值得我们思考：①为什么学生之间的矛盾会瞬间被传递；②解决的方式为何这样的简单粗暴。

三、总结与启示

作为一线的思想政治教育工作者，辅导员应该做好学生思想的第一道屏障，尽最大努力遏制不良事件的发生。我们将从以下几个方面努力：

从学生进校就对学生进行行为习惯的养成教育，从人际沟通与礼仪、《大学生日常行为规范》、《大学生十条禁令》、道德修养的层面等对学生进行教育，并在以后的班级管理中注重班级文化氛围的培养，形成一种良好的班风，尽量给全体学生搭建积极展现自我的平台。

做细心的辅导员，防患于未然，积极深入学生中间了解学生，培养好得力的班干部，每时每刻将班级的学生放在心上，对个别情况特殊的学生更要做到时刻关注！

做学生信任的辅导员。辅导员要在学生心目中树立起信任感，让学生做到什么困难都可以向你求助，从而就减少了很多冲突与心理畏惧，让学生觉得自己在一个安全的班级中生活和学习，遇事能够第一时间向你求助。

做耐心的辅导员。遇见此类事情必须冷静处理，做好调查了解，充分了解事情的原委，越深入越好，因为事情越深入就越小，就越能使当事学生认识到没有必要发生事情。并晓之以理，通过大量的事例列举，谈心式的疏导，容易激起当事学生的自我悔悟，从而做到自我检讨、相互道歉，态度诚恳就容易将事情控制住。

做到赏罚得当。辅导员要有一个坚定的立场，分清楚真善美、假丑恶，在处理学生违纪事件的同时要关注后续，对确实犯了错误的同学，不要只是把德育停留在嘴上，而应该引导他们对自己的错误进行弥补，为班级做点事情，使德育工作进一步收到实效。要充分相信当事学生，要有改变他们的信心。在本案例中，被殴学生与打人者都做出了自我检讨，都反思了自己的错误。我们相信在其他的学生问题中，只要调解人能耐心细致一些，都是可以做到这一点的！

案例 5 学生宿舍矛盾问题处理

一、案例情况

秦丽（化名），女，汉族，财经学院会计专业 A1806 班学生。2019 年 12 月 17 日 21：00 左右，2018 级秦丽的妈妈给辅导员发来微信信息反映：孩子所在寝室里有 2 名女生经常到 24：00 还不睡觉，打游戏，大声说话，跟男朋友打电话，严重影响了自己孩子的睡眠，导致孩子上课没有精神，头晕，打瞌睡，多次沟通后都没有效果。第二天上午，辅导员找秦丽所在寝室的小刘和小田谈话，了解具体情况。在了解其寝室晚上作息时间、寝室生活习惯等情况后，辅导员口头警告二人遵守寝室作息时间规定，注意控制言行，不要影响别人休息和学习。《某职业学院学生手册》第三章违纪行为与纪律处分第二十五条规定：扰乱学校正常教育教学秩序、生活秩序以及公共场所管理秩序，严重影响他人正常学习、工作或生活者，视其情节轻重，给予以下处分：在正常学习、工作或休息时间喧闹，不听劝阻，情节严重者，给予警告直至记过处分。当天下午，该寝室的秦丽、小玉、小悦、小艺一起来到辅导员的办公室，情绪激动，说小刘和小田回到寝室后指桑骂槐，说话难听。她们 4 人与之吵了起来，但最后也没有争出什么结果，一气之下找到辅导员，表示不能和她们继续相处，无法沟通，强烈要求调换寝室。

二、解决措施

大学生宿舍矛盾是常发而又非常棘手的问题，大多由琐碎小事引起。寝室矛盾如果处理不好就会导致更大问题发生，甚至会引起重大安全事故。学生家长反映孩子在寝室休息不好的情况，其原因是同寝室 2 名女生经常晚睡，说话声大，还经常打游戏、打电话，影响到秦丽的睡眠。这对其他几名女生也都是有影响的。另外，平时几人之间因寝室卫生、作息习惯、生活习惯等曾有过一些小摩擦，加上性格方面的差异、成长环境和价值观不同，时间一长，寝室内逐渐形成了对立的小团体，矛盾就此产生。究其根源，一是生活习惯不同。小刘和小田习惯晚睡，小玉、小悦睡觉打鼾，相互影响。二是不注意说话方式。小刘和小田在和同寝室其他 4 人沟通时，不是很注意说话方式，常常是"无理辩三分，得理不饶人"，而小悦等人有时也是口不择言，造成沟通不畅。三是性格爱好不同，小刘和小田性格外向，好动，不爱学习，经常上网、看视频、打电话，秦丽、小玉、小悦、小艺性格较为文静，一心想好好学习，但在寝室里背课文、背单词受到影响无法专心，和小刘、小田产生隔阂。四是大多以自我为中心。该寝室6名女生都是独生子女，在人际交往方面，总是从自身角度出发，与人沟通能力较差，而在处理诸如寝室卫生清扫、物品摆放等一些琐事时，不能换位思考，相互间不够包容。

解决问题的方法如下：

（1）迂回调解，选派班干部进行劝说。该寝室6人中，小刘、秦丽、小悦、小艺是一个班的，而小田和小玉是另一个班的。辅导员给两个班的班长、团支书分派任务，让她们分别找本班同学谈心，其重点是使这几名学生明白，寝室是学习的后方保障，是生活的重要场所，平时相处要多注意言行，遵守寝室相关管理规定，尽量不影响他人休息。

（2）分而化之，打破双方对立的局面。对于一个寝室内的两个小圈子，辅导员决定采取分化措施，从各自内部化解矛盾。首先找出在圈子中出主意、有话语权的学生：小刘话相对少些，但很有主意，充当出谋划策的角色，而小田能说会道；另4人中，多是小悦和小玉表达诉求，秦丽和小艺性格内向，没什么主意，所以辅导员先分别和小玉、小悦谈话，打消她们调换寝室的想法，试着包容、接纳小刘和小田，接着辅导员再找小刘，也表达了这个意思。这样，有了突破点，两个小圈子之间壁垒分明的对立明显缓和了。

（3）座谈和解，引导学生主动化解矛盾。几天以后，辅导员把寝室6人叫到活动室，让她们围坐在一起，桌上摆些水果、零食，还播放了群星演唱的《相亲相爱》。辅导员并没有参与座谈，而是让她们在自由、放松的环境下畅所欲言，把心里的想法都说出来，化解了矛盾。

三、总结与启示

一是学生管理工作无小事。每名学生都是家里的宝，在外求学期间的任何一点风吹草动都会牵动家长的心。所以，不管什么事情，只要涉及学生，就不能掉以轻心，否则小事会变成大事，最后处理起来会很麻烦，也不利于学生管理工作的开展。

二是深入调查，掌握真实情况。没有调查就没有发言权。学生管理工作中的每件事，都要调查清楚，一定要弄明白事情背后的情况，不能偏听偏信。只有这样才能搞好工作。

三是做好防范，加强正面教育。对于学生寝室管理，及时解决矛盾、纠纷是一方面，更重要的另一方面是防患于未然。其一要规范相关制度，例如寝室公约、作息时间表、寝室值日制度等；其二要教育和引导学生学会相互理解、相互包容，共同营造良好的寝室环境；其三要及时掌握寝室动态，对学生情况做到心中有数；其四要多组织一些以寝室为单位的集体活动，搞好团队建设，增进寝室友谊，增强学生的集体荣誉感。

四是注重工作方法。一味地批评解决不了问题，尤其是现在的学生基本都是00后，他们的思想更加自由开放，自我意识和维权意识更强。应该多与他们沟通，建立信任，根据不同的情况，采取相应措施。

五是相信学生，引导他们发挥主观能动性，自主解决矛盾。"授人以鱼不如授人以渔"，对于学生之间的矛盾、纠纷，应该帮助学生分析问题的症结所在，多从旁指导，教给学生自行化解矛盾的方法。其实有些问题，学生完全是有能力自行处理的。

案例6 学生寝室饲养宠物问题处理（1）

一、案例情况

刘冬梅（化名），女，汉族，国际贸易与实务专业A1507班学生。

2015年9月新生报到时，刘冬梅认识了一个云南老乡杜玲玲（化名，文化与产业学院，大二学生，特别喜欢小动物。）在经过一段时间的接触后，两人比较有共同语言，便成了好朋友。刘冬梅在杜玲玲的影响下，逐渐喜欢上了龙猫。两人经常相约一起去宠物店看布偶猫、龙猫、熊猫兔等小动物。

进校后，辅导员专门组织所有学生详细地学习了《某职业学院学生手册》，并重点强调了容易发生违规违纪的几个方面。对于宿舍管理，辅导员明确告知学生不允许在宿舍内饲养各种宠物，包括仓鼠、乌龟等小动物。但是刘冬梅仍存侥幸心理，认为只要寝室同学不告发，自己不在寝室时藏好宠物，就没有问题。

2015年10月2日，在杜玲玲的怂恿下，刘冬梅购买了一对龙猫拿回宿舍喂养。当刘冬梅将龙猫领回宿舍后，没两天寝室同学就因为龙猫晚上的动静、气味等与刘冬梅发生了矛盾。寝室其他同学希望刘冬梅尽快处理掉她的宠物。刘冬梅表面上答应，实际上只是将龙猫拿到了杜玲玲的宿舍寄养，过了两天又再次领回了宿舍。

寝室同学忍无可忍，在寝室长的组织下召开寝室会议，大家就龙猫的问题与刘冬梅进行了一次深度的沟通。其他同学认为：一是刘冬梅私自饲养宠物，已经违反了学校宿舍管理规定；二是寝室内有的同学害怕龙猫，在宿舍内总是觉得心惊胆战；三是气候比较暖和，刘冬梅也没有给龙猫做好卫生，总有一股气味，严重影响了其他同学的学习与生活，希望刘冬梅能够真正处理好龙猫的问题。但刘冬梅却认为其他同学拿龙猫当借口，故意针对她、孤立她。所以即使其他室友有意见，她仍然没有理会。其他同学见沟通无果，只好将其偷养宠物的事情告诉了辅导员。

二、解决措施

辅导员知道情况后，找了一个合适的时机，到寝室进行了走访。辅导员刚到寝室时，只见刘冬梅独自一人正在宿舍内，一只笼子里有一对龙猫，笼子正好摆在她的座位旁边。看到辅导员到访，刘冬梅赶紧站到龙猫笼子前面挡住笼子，希望不被辅导员发现。辅导员看到这一幕，觉得是又好气又好笑。随后，对于宠物以及饲养宠物带来的寝室问题，辅导员与刘冬梅进行了深入的交流。

刘冬梅表示，对于是否要在寝室饲养龙猫的问题，她也经过了一段时间的考虑，但是最终还是因为太喜欢而将龙猫带回了宿舍。而对于寝室的室友，她觉得她们只是借题发挥，跟自己性格不合，故意针对她而已。

辅导员首先表示可以理解因为喜欢小动物而去饲养的行为，辅导员也会尊重个人的兴趣爱好，但是私自在宿舍内喂养宠物，这种行为欠妥，并对其进行了批评教育。其次，辅导员告知刘冬梅：作为学生，在学校必须遵守学校的相关规定，并提醒刘冬梅根据《某学院学生手册》中宿舍管理的相关规定，如不处理好宠物将被给予警告及以上处分；作为寝室的一员，在私自饲养宠物的过程中，应考虑到其他同学的感受，以及对其他同学学习、生活的影响。大家来自不同的家庭，有不同的习惯、兴趣等，如今共同生活在一个宿舍里，当个人的爱好可能影响到其他同学的时候，不能以自我为中心，应该学会相互尊重、理解和包容。最后，辅导员希望刘冬梅同学能够正确认识自己的兴趣、处理好与寝室同学之间的关系，并要求刘冬梅立即处理饲养的龙猫。

在辅导员到访后，刘冬梅表面上承认了错误，答应会及时处理宠物，但实际上并未及时兑现自己的承诺。

11月6日，在刘冬梅与辅导员谈话后的第三天，学校学生处牵头组织大正物业分组对学生日常行为规范等进行了检查。检查中发现刘冬梅所在的寝室饲养有龙猫。

事件查实后，刘冬梅因私自在公寓内饲养宠物且经教育不改，被学校给予严重警告处分。当刘冬梅同学收到学校给出的违规违纪处理通知书时，才真正意识到自己的行为不当，主动找到辅导员，承认自己的错误，并下定决心立即妥善处理宠物，希望能尽快解除处分。

三、总结与启示

在学校寝室内，由饲养小动物而引起的矛盾时有发生。为了维护学生正常的生活与学习秩序，保障学生的合法权益，学校规定严禁在宿舍内饲养任何宠物。但有的学生总是心存侥幸，在宿舍内不顾他人感受，一意孤行饲养宠物，从而引起宿舍纠纷。辅导员从新生入学开始，就要做好宿舍管理相关规定的讲解，通过真实案例剖析等，帮助学生树立规矩意识，减少违规违纪行为。

案例7　学生寝室饲养宠物问题处理（2）

一、案例情况

2018年4月的一天，李瑶（化名）找到辅导员，说要调换寝室，辅导员询问原因，她却支支吾吾不愿多说，但是仍坚决要求调换寝室。辅导员将调换寝室的要求和程序跟她细细说了一遍，请她一定要把原因告诉辅导员，辅导员要根据具体情况来判断怎么解决问题。她说同寝室的李芳（化名）前两天养了一只兔子，味道很是难闻，她为此和李芳沟通过很多次，但李芳就是不听，还骂她没有爱心。两人之间的矛盾不断升级。但是，她希望辅导员不要为此去找李芳，因为她不想让李芳骂她"打小报告"，也不想同学之间的矛盾进一步升级。她只是想要自己赶紧离开这个寝室就行了。

辅导员批评了她面对事情的这种态度：难道只要事不关己就可以漠不

关心？在宿舍饲养宠物是违纪行为，是要受到处分的。只要没有影响到自己就可以不管吗？如果每个学生都这样，整个寝室环境将是怎样的？寝室属于公共资源，而且是有限的，当你调出这个寝室后，很可能就要调另一个同学进来，这样对另一个同学是否公平？这件事情，看似李芳全责，实际上这个寝室的每一位同学都有责任。

辅导员查了课表，李瑶这个班级正好没课。辅导员当即带了几个班委，到她们宿舍查寝，只见在宿舍的阳台上，一只白色的小兔子正在打盹儿，李芳则在床上睡觉，其他两名同学正在看书。辅导员询问兔子是谁养的，大家都不吱声，辅导员只好说如果查不出来人，就只能让寝室全体受罚。辅导员将《学生手册》关于在宿舍饲养宠物的处理规定跟她们说了一遍。看书的两位同学有些动摇，但李芳还是很淡定地躺在床上。李瑶进了宿舍，表情很为难地坐在桌子前。

辅导员让班委拍了兔子的照片，留存了证据，然后告诉她们，给她们半天的商量思考时间，下午如果还是没有找出养兔子的人，就只能集体受处分，请她们下午课间到办公室写材料。处分将影响到她们的“评优评先”等。辅导员同时告诉她们，寝室是集体生活环境，需要大家共同维护，每一个人都遵守纪律、爱护环境，才能有好的寝室环境，大家才能住得舒心、学得快乐。同学之间的情谊是很可贵的，不要因为一只兔子影响了同学的友谊，伤害了他人的正当利益。

15：30左右，李瑶寝室四人到了办公室，李芳主动说兔子是自己养的，已经认识到错误了，待会就将兔子送走。辅导员批评了李芳破坏寝室环境，违反纪律的行为，并给予了她警告处分、在班级通报的处理。同时批评了另外三名同学，没有及时制止和反映李芳饲养兔子的行为，特别是寝室长，已经失职，给予了撤职处理。四名同学都写了深刻的检讨书。

第二天，辅导员找到李瑶，问她现在寝室的情况。李瑶说李芳送走了兔子，向大家道了歉，大家和好了，现在不用再换寝室了。辅导员再次告诉她，遇到问题要及时解决，而不是选择逃避，当自己的正当利益受到损害时，要用适当的方式维护自己的正当利益。

第三天，当辅导员将李芳在寝室养宠物的处理情况在班会上通报后，班级信息员反映，有几个寝室的同学偷偷送走了刚刚抱回来的宠物，没有宿舍再养宠物了。

二、解决措施

（1）2018 年 4 月的一天，李瑶找到辅导员，说要调换寝室，不说原因，但是坚决要求调换寝室。辅导员将调换寝室的要求和程序跟她细细说了一遍，请她一定要把原因告诉辅导员，辅导员要根据具体情况来判断怎么解决问题。

（2）在了解情况后，李瑶以不想进一步激发矛盾为由，不想让辅导员联系李芳。辅导员批评了她面对事情的这种态度，当即带了几个班委，到她们宿舍查寝。

（3）辅导员让班委拍了兔子的照片，留存了证据，然后告诉她们，给她们半天的商量思考时间，下午如果还是没有找出养兔子的人，就只能集体受处分，请她们下午课间到办公室写材料。处分将影响到她们的"评优评先"等。辅导员同时告诉她们，寝室是集体生活环境，需要大家共同维护，每一个人都遵守纪律、爱护环境，才能有好的寝室环境，大家才能住得舒心、学得快乐。

（4）15：30 左右，四人来到办公室，李芳承认了错误。辅导员批评了李芳破坏寝室环境，违反纪律的行为，并给予了她警告处分、在班级通报的处理。同时批评了另外三名同学，没有及时制止和反映李芳饲养兔子的行为，特别是寝室长，已经失职，给予了撤职处理。四名同学都写了深刻的检讨书。

（5）第二天，辅导员找到李瑶，问她现在寝室的情况，并再次告诉她，遇到问题要及时解决，而不是选择逃避，当自己的正当利益受到损害时，要用适当的方式维护自己的正当利益。

三、总结与启示

寝室矛盾往往暗藏着其他问题，辅导员要寻找寝室矛盾背后的问题，有针对性地予以解决，可以避免更多麻烦产生。作为学生，遇到问题要及时解决，而不是选择逃避，当自己的正当利益受到损害时，要用适当的方式维护自己的正当利益。寝室属于公共资源，而且是有限的，当一个人调出这个寝室后，很可能就要调入另一个同学，这样对另一个同学是不公平的。寝室矛盾的发生，实际上寝室的每一位同学都有责任。

案例 8　学生行为问题处理

一、案例情况

王杰（化名），女，汉族，财经学院财务专业 A1306 班学生，性格比较内向。王杰的父亲是普通工人，母亲无业。由于王杰是家中独女，所以从小特别受宠，家人对其基本是有求必应。

2013 年入学后，王杰基本能按照教师的要求完成各学科的学习，也无违规违纪情况。但王杰性格比较内向，不善于交友，所以其大部分课余时间都在寝室上网。

2014 年 4 月 2 日 23：00，宿管生活教师电话联系辅导员反映情况：王杰夜不归寝，请辅导员进行核实。辅导员了解情况后，立即电话联系王杰。王杰称其母亲从云南到重庆打工，前往渝中区看望母亲，并与母亲一起同住，请辅导员放心，稍后母亲再短信请假。

第二天，辅导员对王杰缺乏纪律观念、夜不归寝的行为进行了批评教育，并告知其《某职业学院学生手册》第三章违纪行为与纪律处分第十九条规定：

（1）晚归累计 7~10 次者，给予警告处分；晚归累计 11~15 次者，给予严重警告处分；晚归累计 16~20 次者，给予记过处分；晚归累计 20 次以上者，给予留校察看处分。

（2）夜不归寝累计 3 次者，给予警告处分；夜不归寝累计 4~6 次者，给予严重警告处分；夜不归寝累计 7~10 次者，给予记过处分；夜不归寝累计 11 次及以上者，给予留校察看处分。

辅导员要求王杰必须严格遵守学校宿舍管理规定，不得再次出现类似的行为。但王杰并未在思想上对此予以重视，仍然出现未假夜不归寝的情况，且均以看望母亲未及时请假为由。

二、解决措施

辅导员觉得王杰屡次以看望母亲为由，不假夜不归寝的情况可疑，便电话联系了其母亲。其母亲反馈称：自己确实来到重庆一段时间了，但仅 4 月 2 日晚王杰跟其同住，其余时间并未去看望过母亲，更没有母亲陪同。辅导员了解情况后，就近期王杰的异常行为向其母亲进行了反映，并请其家人跟王杰及时沟通，了解真实情况。

同时，辅导员通过与王杰同寝室同学了解到：虽然王杰平时能正常出勤上课，但晚上仍然有夜不归寝的情况。王杰与寝室同学关系疏远，平时很少与室友交流。在平时的生活中，大家发现王杰在网上交了一个男朋友，关系暧昧，认为王杰夜不归寝，可能与网上交的男朋友有关。

4月23日上午，辅导员再次找到王杰，就夜不归寝的问题与她进行谈话。王杰自称因与寝室同学关系不和，便私自搬到A2001寝室与付艳（化名，2012级旅游专业）同学一起居住。然而付艳反馈称，王杰偶尔会到A2001寝室居住，其余时间则到康居新城的租赁房与男朋友［刘军（化名），社会无业青年，在一次钓鱼时，通过朋友认识王杰］同住。

同日上午，王杰的四叔及母亲来到学校。据王杰的四叔反映，王杰确实交了一男朋友，并于开学之初带刘军到他公司玩，刘军与公司人员发生冲突，将其公司一经理打伤。王杰的四叔知道情况后，约见了王杰的男朋友并初步判断刘军不是正经人，要求王杰立即与其男朋友分手。王杰表面上答应，其实仍然瞒着她四叔继续与刘军交往。在王杰与刘军交往期间，王杰以丢失同学iPhone 5S等各种理由，向家里亲朋索要现金，至少向家里索要了2万元。

4月24日，王杰的父亲王国梁（化名）从云南赶到重庆，带着王杰一起来到学校，就在外租房的问题再次与辅导员进行沟通、处理。在其父亲的一再询问下，王杰承认有在外租房。当被问及是否愿意搬回学校寝室住宿、是否还想继续读书等问题的时候，王杰仍然不肯回答。鉴于王杰不配合，辅导员建议其父亲给王杰请假至五一节放假之后，并将王杰带回家中进行沟通，让其仔细考虑，就是否愿意遵守学校的相关规定并继续上学做出明确答复。

4月30日下午，王杰的父亲王国梁带着王杰来到学校，再次和辅导员、分管学生管理工作的书记进行沟通和交流。据王杰的父亲讲，在带王杰回家的几天时间里（4月24日—29日），他带着王杰到派出所查明了刘军的情况，了解到刘军曾因诈骗罪被判刑。王杰的父亲希望能让王杰意识到刘军的不良企图（骗取她的钱财），希望王杰能回心转意。王杰表面上说意识到了这一点，勉强同意了回学校继续上学。鉴于王杰心智不成熟、想法不可控、人身安全等多方面的实际情况，学院分管学生管理工作的书记建议王杰的父亲将其带回老家，多做沟通，认真分析当前的情况并从父亲、男人的角度帮助王杰树立正确的恋爱观。待王杰冷静思考、充分调整后再决定是否能够按照学校的相关管理规定继续学习。

5月4日下午，王杰的四叔带着王杰来到学校，称经过家人商量，还是决定让王杰不休假，继续上学。得知王杰家人的决定后，辅导员考虑到王杰自身想法及刘军行踪不可控，存在严重的安全隐患，仍然强烈建议王杰的四叔给王杰请假，让王杰和家人待在一起一段时间，让其理清头绪，也让刘军不能立马找到王杰，进行冷处理。同日下午，学院请学校心理咨询中心的杨老师对王杰进行了心理测评。据杨老师反映，王杰思维清晰，逻辑清楚，并未发现有心理问题。但在交流中杨老师发现，当聊到其男朋友时，王杰表现出对其男朋友的不舍。在王杰内心，还是没有真正放下其男朋友刘军。其家人也知晓。当天下午，王杰因个人问题办理了请假手续，被家人接回了其母亲住处。

5月6日下午，王杰以回学校拿衣服为由，不顾家人反对，回到学校，将行李及日用品从宿舍全部取走，同宿舍同学发现王杰的行李箱等物品不见后立即告知了辅导员。辅导员联系其母亲，其母亲反馈：在王杰返回学校的过程中（15：30—20：00左右），其父母一直和她保持电话联系，王杰说自己在地铁上，还要求她母亲到地铁站去接她。但王杰的母亲在地铁站口一直等待，未见其踪影，再次与王杰联系，发现其手机关机，晚上也未回家或返回学校。

5月7日上午，仍然没有王杰的任何消息，其家人只好到虎溪派出所报案。

5月9日下午，其家长再次到学校与辅导员进行沟通。据王杰的父亲讲：在4月底，他们通过调查发现，刘军将王杰的银行卡密码、手机密码等全部进行了修改。从王杰失踪到9日下午这几天里，家长、同学、辅导员等都多次试图联系王杰，但都无果。王杰的父亲还反映：拨打王杰的电话时，有时发现王杰的电话正在通话中。鉴于这种情况，学院主管书记建议其家长给王杰的银行卡里存一定数额的人民币，看王杰是否从卡上取钱，希望通过这样的方式知晓王杰究竟在什么地方。9日下午，王杰的父亲在火车站核查得知，王杰已于6日下午购买到广州的火车票并前往了广州。

鉴于王杰的情况特殊，无法继续完成学业，王杰的家人到校办理了退学手续。然后其父亲毅然辞去工作，只身一人前往广州寻找王杰。同时，学院也要求其同寝室同学、全班同学及时关注王杰手机、QQ 等情况，一有消息马上告知辅导员。

3 个月后，王杰的父亲终于在广州的一艘船上找到王杰，并将其带回了老家。

从知晓王杰在外租房、交友不慎乃至离家出走后，学院高度重视，及时了解、多方搜集信息，并积极协助、配合学校安全保卫处、其家长做好各方信息的沟通，特别是在其家长报案后内心非常焦急的情况下，积极联系安全保卫处，请安全保卫处出面联系公安机关，敦促公安机关加大工作力度等，其家长也非常感动。

三、总结与启示

在物质生活条件比较优越甚至非常优越的情况下，该如何关注孩子，走进孩子内心深处，理解孩子的需求；如何教育、引导、帮助孩子，让孩子平安、健康、幸福地经历成长，不光是辅导员要思考，也是家长们应该深思的问题。

案例 9　伪装家长请假问题处理

一、案例情况

董涣（化名），女，汉族，财经学院财务专业 2017 级学生。2018—2019 学年第二学期开学后，董涣多次晚归，每次都要辅导员打电话催促归寝。每次她总有理由，如身体不适去药店买药，肚子饿了去吃夜宵，在外面拿东西，等等。辅导员通过董涣班级的同学了解到，董涣在网上结交了男朋友。这个男人没有工作，刚从其他省份来到这里和她见面。两人很谈得来，便住到了一起。辅导员找到董涣，和她推心置腹地谈了一次话，把感情、学习、未来都和她谈了，提醒她一定要清醒认识感情，用心学习。针对董涣的违纪行为，学校给予了红牌警示和全院通报批评的处理。辅导员联系了董涣的家长，告知此事并请家长对学生加强教育引导。

过了大概一周时间，一天的 21：00 过，董涣打电话给辅导员，说她晚上要请假，她表妹在外面租房住，害怕，需要她陪同，并在 QQ 上提供了她和表妹的聊天记录给辅导员。辅导员告诉她，外出住宿需要得到她家长的同意，同时提供具体的地址等信息。过了一分钟左右，一个陌生号码的电话打过来，只听一个年轻男子的声音说道："辅导员，我是董涣的父亲，她今晚要去她表妹那里住宿，请一下假。"辅导员一听声音不对，同时来电显示的电话号码是江西的，而辅导员很清楚她父母都在甘肃。辅导员心里已经很清楚是怎么回事了，于是辅导员问对方："你确定是董涣的父亲？你叫什么名字？现在在哪里？"对方愣住了，"啊啊啊"了一会儿，然后随便说了一个名字。辅导员说："不对，董涣的父亲不是这个名字，你如果是她父亲，我很好奇你是怎么不记得自己的名字的？麻烦你转告董涣，立即、马上归寝！"

过了5分钟，董涣发信息给辅导员说已经在往学校赶了。辅导员要求她到了寝室后跟辅导员视频对话。

第二天，辅导员找到董涣，首先狠狠批评了她撒谎的行为，然后跟她分析了自己的家庭情况。董涣的家境并不好，父母年纪偏大，常年在家务农，艰难地供她上学，她来上学的机会来之不易，应该好好珍惜，用心学习，努力改变自己的命运，回报父母的养育之恩。恋爱可以谈，但是应该把握底线，不能耽误学习，不能违反校纪校规，同时，对恋爱对象要多方考察，不能冲动行事。

此后，董涣再没有出现过晚归和夜不归寝的情况，她同寝室同学和辅导员说她和她男朋友在学校对面租了房子，两人周末才住在一起。辅导员叫同学们侧面提醒她注意安全，同时和董涣的家长联系，请他们关注董涣的感情问题。

暑假放假前，董涣填写了暑假回家的登记表，离开了学校，并且在一天后在班群里回复"已安全到家"。而她对家人却谎称自己要在学校考教师资格证，没有回家。其实在7月底，她就与男朋友去了男朋友在江西的老家。

2019年8月，董涣的男朋友打电话给董涣的家人，说董涣已经怀孕三月有余，不愿继续读书。董涣拒绝接听家人的电话。辅导员多次试图通过电话、QQ与董涣联络，董涣均不予理睬。辅导员只能一次次联系她的家人，催促他们尽快联系到董涣。

2019年9月，在家人通过多种渠道沟通后，董涣决定办理休学手续。董涣的父母常年务农在家，没有出过远门，而董涣本人怀孕不方便返校，董涣将其父亲手写的意见及父母的身份证正反面照片、董涣本人手写的休学申请书、身份证正反面和委托书拍照发给了受委托的同班同学张晓（化名），委托她办理相关手续。手续于 2019 年 9 月 10 日签字完毕。2019 年 9 月 11 日，辅导员将休学手续办理结果通过短信告知了董涣的父亲、姐姐，通过微信告知了董涣的表弟，通过 QQ 告知了董涣本人。

2020 年 9 月，董涣没有如约返校复学。她的孩子还小，夫家家贫，婆婆对她非常严苛，丈夫又没有工作，她在生存的道路上艰难地挣扎着。辅导员也常常在想，如果当初能做些什么，她今天是不是会生活得好一点？

二、解决措施

（1）辅导员通过董涣班级的同学了解到董涣多次晚归的原因是在网上结交了男朋友。

（2）之后辅导员找到董涣，和她推心置腹地谈了一次话，把感情、学习、未来都和她谈了，提醒她一定要清醒认识感情，用心学习。学校针对董涣的违纪行为，给予了红牌警示和全院通报批评的处理。辅导员联系了董涣的家长，告知此事并请家长对学生加强教育引导。

（3）在她找人假装自己亲属请假被发现后，辅导员要求她立即归寝。第二天，辅导员找到董涣，首先狠狠批评了她撒谎的行为，然后跟她分析了自己的家庭情况。同时，要求她对恋爱对象要多方考察，不能冲动行事。

（4）因为董涣再没有出现过晚归和夜不归寝的情况，和男朋友只是周末才住在一起，所以辅导员叫她的室友侧面提醒她注意安全，同时和董涣的家长联系，请他们关注董涣的感情问题。

（5）在董涣谎报行程，去了男朋友老家，并怀孕后，辅导员多次试图通过电话、QQ 与董涣联络，董涣均不予理睬。辅导员只能一次次联系她的家人，催促他们尽快联系到董涣。

（6）2019 年 9 月，在家人通过多种渠道沟通后，董涣决定办理休学手续。2019 年 9 月 11 日，辅导员将休学手续办理结果通过短信告知了董涣的父亲、姐姐，通过微信告知了董涣的表弟，通过 QQ 告知了董涣本人。

三、总结与启示

如今，董涣在生存的道路上艰难地挣扎着。辅导员也常常在想，如果当初能做些什么，她今天是不是会生活得好一点？但是自己选择的道路，后果只能自己承担。为了所谓的爱情而放弃自己的学业，不能算是明智的选择。

案例 10 学生作息矛盾问题处理

一、案例情况

刘明（化名）是 2017 级的一名女生。进校后不久，有一天军训结束后，她突然在操场上大哭。辅导员询问她出了什么事情，她说自己很讨厌在学校住宿，寝室的同学很不友好，根本不理解她，不懂她。辅导员扶住她因哭泣而一耸一耸的肩膀，轻轻拍着她的背，告诉她有什么委屈可以给辅导员说，要相信有辅导员在，问题总是会得到解决的。慢慢地，她终于平静下来了。辅导员带着她来到了操场的一角，和她并肩坐下。她接过辅导员递过去的纸巾，慢慢处理完了眼泪、鼻涕，辅导员才开始问她出了什么事情。她说自己从来没有住读过，这是第一次住读，很不习惯，晚上会想家、想爸爸妈妈，想自己的床铺，想家的味道，在寝室洗澡、上厕所都要排队，而且在其他同学面前穿着睡衣很不习惯。寝室的同学有时把她们的物品放到她的桌子上，她觉得影响到了自己的生活，她不喜欢别人用自己的东西。对于寝室什么时候关灯睡觉，什么时候起床开灯，她也要照顾到别人，感觉自己来到学校，一切都控制不了，随时都要迁就别人，很是委屈。

二、解决措施

辅导员找刘明谈心，告诉她已经长成大姑娘了，不再是小女孩。大姑娘就要慢慢去学会长大，学会去面对外面的世界，学会去处理人际关系，学会去照顾别人的感受。她很委屈，说干脆走读算了，她不喜欢和别人住在一起，自己从小有自己的卧室，可以自己做主。辅导员问她：将来工作了怎么办呢？如果单位派你出差，而且需要安排两个人同住，难道你还要求不和对方住一起吗？一个人总是要学会很多东西，学会去面对不熟悉的环境和人。辅导员说自己特别理解她，但是辅导员也希望她慢慢学会融入宿舍。虽然寝室的同学来自不同的家庭和环境，但是大家都是差不多年纪的女孩，如果你用心去发现，你们一定会有很多相互吸引的地方，有共同的话题，每一个人都有很多你意想不到的优点。辅导员和她约定一起做一个小实验，保证她一定会慢慢爱上寝室的生活，爱上寝室的同学。辅导员拿出两张白纸，其中一张让她把白纸分成左右两边，左边写上这些同学分别的优点和自己喜欢的地方，右边写上她们的缺点和自己讨厌她们的地方。刘明很快就写完了。辅导员一看，左边只有寥寥几个字，右边写得满满的。另外一张，辅导员让她同样分成左右两边，一边写住寝室的好处，一边写住寝室的坏处。她在住寝室的好处一边打上了大×，在坏处一边写满了字。辅导员和她约定一周后再来找辅导员。

辅导员找到刘明同寝室的同学，分别了解了她们的家庭、性格、作息等情况，询问了她们对刘明同学的看法，大家都觉得刘明太过娇气，但都表示可以和她和睦相处。辅导员也告诉她们，大家来自不同的家庭和环境，肯定有很多习惯不一样，开学第一个月大家要相互了解，相互理解，慢慢找到最适当的相处方式。

辅导员和刘明的寝室长聊了作为室长的责任，一定要引导大家处理好关系，同时要在征求大家意见的基础上制定出寝室公约，大家务必遵守，比如几点睡觉关灯、几点起床、自己的物品不占用他人的空间、打电话超过5分钟就要去外面走廊上等。

一周以后，刘明按照约定来找辅导员。辅导员还是拿出两张白纸，让她分为左右两边，其中一张写出寝室同学的优缺点，这一次，寝室同学的优点明显增多了，缺点有所减少。另外一张，辅导员让她写出住寝室的好处和坏处。同样，她逐渐发现了住寝室的好处。虽然她说即使发现了她们确实不是自己之前认为的那样讨厌，住寝室也有乐趣，但是还是不想住宿舍。辅导员又和她约定一周后再来见辅导员。

又过了一周，刘明说自己慢慢发现寝室的每个人都有很可爱的一面，她们在寝室相处得非常好，还发现了共同的爱好，现在她们在寝室公约上还增加了一条：每晚半个小时的卧谈会。所谓"卧谈会"，就是大家在关灯后躺在床上随便聊天。通过卧谈会，她了解到王新（化名）很不容易，父母长期在外打工，王新自小在家既要照顾弟弟、妹妹，又要充当地里的劳动力，是爷爷、奶奶的好帮手。王新不仅会种地，照顾弟弟、妹妹，歌也唱得很好，要不是家庭条件不允许，她应该去学一下唱歌的。看着刘明说这些话的时候，眼睛里满是惋惜之情，辅导员知道，她是善良的，她们终将成为好室友、好姐妹、好同学。当辅导员递给她两张纸的时候，她没有接，她说自己已经喜欢上了住宿舍。自己读书这么多年，都没有这么近距离地和同学相处过，也没有这么多地了解过别人，真的遗憾。事情就这么解决了。

辅导员的总结：

（1）了解刘明的情况后，辅导员首先告诉她，她已经长成大姑娘了，不再是小女孩。大姑娘就要慢慢去学会长大，学会去面对外面的世界，学会去处理人际关系，学会去照顾别人的感受，要善于发现别人的好。

（2）辅导员和她约定一起做一个小实验，结果反响很好。

三、总结与启示

很多学生缺乏与人相处的技巧，特别是女生，彼此很容易发生矛盾。作为辅导员，要教育引导她们学会与人相处，多为对方考虑。

第三节　学生干部管理案例

案例 1　遇到困难不退缩

一、案例情况

马小易（化名），女，汉族，财经学院会计专业 A1804 班学生，班长，财经学院团总支学生会认证中心部长。

在高中阶段一直担任班长的马小易曾深受老师们喜爱，但在大学里，这一切都转瞬而逝，直到遇见了辅导员，才让马小易又发生了很大的变化。

还记得那个学期刚开始，马小易竞选当上班长后，需要制作班级的许多信息登记表格……当最后交给辅导员审核时，辅导员脸上的表情非常严肃，说道："谁会看这样的表格？这样的表格能够打印出来查阅吗？"顿时，马小易心里感到很难受。不太熟悉办公软件操作的马小易又该如何是好呢？

当时马小易对统计软件表格行距、框线、列宽等操作流程不熟悉，就在办公室自己上网查询操作流程，但在辅导员规定的任务完成时间内，马小易没有完成表格数据统计工作。马小易就这样在办公室等待着辅导员的指导，随着时间的推移，一直到中午都未能完成任务。第一次值班就遇到这样的问题，马小易心里感到有点难受。

二、解决措施

辅导员看到马小易在办公室的表现，就把她叫到身旁，耐心地讲解软件操作流程和注意事项，鼓励她要学会尝试，要敢于迈出第一步。回到寝室里，马小易继续尝试改正这些表格，一步一步前进，最后总算完美完成。在下次制作表格的时候，她完美地"错过"了上次犯下的那些小错误。辅导员那些严厉的言辞以及耐心的指导让马小易获益匪浅，这些细小的细节让马小易在兼职经历中大大受用。犹记得，在暑假里，马小易在某会计师事务所实习兼职，马小易的实习指导老师让马小易帮他处理一个文件以方便他核对。马小易思索了一下，便做出来几个 excel 表格，最后照着辅导员教的方式修改。当她将表格交到实习指导老师手里时，他说："这个表格很清晰，很方便，做得不错哦。"当时马小易很开心，辅导员在校园里教给马小易的东西在社会上也有用处，真好。被实习指导老师表扬，让马小易知道了自己的付出是值得的。

三、总结与启示

对于学生干部的管理，要引导其勇于面对困难和错误。在犯错后，要多在自己身上查找问题，找到问题发生的原因，努力尝试去解决问题。

案例 2　如何当好团支书

一、案例情况

乐文文（化名），女，汉族，财经学院会计专业 A1804 班学生。乐文文同学于 2018 年 9 月进入某职业学院，用辅导员的话来讲，就是一个没有长大的孩子。她平时大大咧咧，嘻嘻哈哈，活蹦乱跳，到了晚上还比较喜欢去其他寝室串门。在度过了平平淡淡的大一生活后，乐文文向辅导员表达了自己想竞选班干部的意愿，想抓紧大二的时间在班级里多锻炼自己的能力，为班级同学做些贡献。但这个孩子挂科了。按照校团委的规定，挂科的同学原则上不能申请担任班干部，因为如果在班干部中有挂科的同学，要扣除班级考核的分数。2019 年 9 月 6 日，在 B503 办公室，辅导员将学校的政策告诉乐文文，告诉她暂时不具备竞选班长的资格，乐文文脸上瞬间流露出失望的表情。她极力想争取一个可以去拼一次的机会，哪怕自己最终没有能够竞选上，也想去试一试，给自己争取一次。看着乐文文同学期待的眼神，辅导员心软了。不能因为学生挂科了，就全盘否定学生，需要给孩子们更多锻炼的机会，这样他们才能成长，同时也为了给班级里其他挂科的同学一个公平竞争的机会，辅导员在征得上届班委同学的同意后，召开了全体同学参加的班会，宣布挂科的同学可以参加班委换届选举。最终经过自己上台演讲，经过自己的一番努力，乐文文得到了班上同学的认可，担任了班级的团支书。

担任班级团支书，任务比较重，在自己努力学好各门课程的同时，还要花大部分业余时间处理班级的事务，例如团费收缴、团员发展、开展主题团日活动、家庭经济困难认定工作等，同时还要协调好与其他班干部之间的关系，起到上传下达的桥梁作用。担任团支书，目前最重要的工作就是团员青年大学习，每一期学习任务下达后，要求全班团员 100% 按照任务进度完成学习，催促班级里几个平时比较懒惰的男生就成了乐文文每周最头疼的任务。2019 年 10 月 15 日，乐文文接到家里的电话，得知她的妈妈突发疾病住进了医院，医院开了检查项目，结果还在等待中。乐文文同学准备完成上午的学习课程、处理完班级的事务后就回家看望妈妈。她在班级群里催促未完成青年大学习的同学尽快按要求完成，其中班级里有一个男生李明（化名）已经连续两周在规定时间内未完成学习任务，拖了整个班级的后腿，会计 A1804 团支部被全院通报批评。本周的学习任务李明同学仍然未完成，团支书在群里进行通报，提醒李明尽快完成，同时也小窗对李明进行提醒。李明同学感觉乐文文催促得太急，已经连续三周在群里通报，又单独留言给他，觉得自己非常没有面子，就回复了一句："老子不做，你能把我怎么样？"此时的乐文文因为牵挂家里的事情，情绪有些波动，被李明这么一激，有些失去了耐心，就告诉李明："随便你做不做，如果不做的话，我就只有反馈给辅导员。"李明回复道："有种你就去说，老子不怕。"乐文文觉得自己非常的委屈，全心全意为班级服务，为班级做事情，结果却得不到同学的理解，同时家里妈妈又生病了，特别的憋屈，就向自己的闺蜜申太勤（化名）进行倾诉。申太勤是个急脾气，一听说自己的闺蜜被骂了，还受了委屈，就在班级大群中找到李明的 QQ，劈头盖脸就是一顿臭骂，骂的语言非常难听。

二、解决措施

李明也是个急脾气，在高中的时候因为打架受过处分。他在受到申太勤的语言挑衅后，也加入了骂战，两个人你来我往，彼此对骂，此时乐文文并未及时劝阻。13：30，辅导员接到李明的 QQ 消息，说自己现在情绪非常激动，很想打人。辅导员回复李明："孩子，发生什么事情了吗？受什么委屈了吗？"李明回复道："辅导员，请问你现在方便吗？我想找你聊一聊。"辅导员马上从家属区赶到学生处 1303 办公室，了解事情的经过。第一，表扬了李明这次的冷静，遇到事情了没有像高中那样采用暴力的方式去解决问题，而是及时向辅导员反馈，寻求辅导员的帮助。第二，对李明同学提出批评。团支书乐文文催促完成青年大学习，这个是她的职责和任务，如果没有按时完成，乐文文就要受到批评，况且今天情况特殊，她妈妈还生病住院了。当然在处理这个事情的过程中，乐文文在语言上存在一定的过错，不应该骂人，更不应该任由其闺蜜加入骂战，辅导员后面会严肃地批评她。第三，辅导员告诉李明："你现在是一个成年人，是一个男子汉，要有男人的担当，如果和一个女生较劲和认真，你就输了。现在在学校里，有辅导员经常提醒你、包容你。如果毕业了，进入工作岗位，凭你火爆的脾气，如何能在公司里立足，如何和同事相处？作为一个成年人，我们要用成年人的思维去思考问题。作为一个男人，更要有宽广的胸怀，要有大局观念。"听了辅导员的开导，李明同学认识到自己的错误，坦言自己不知道乐文文妈妈生病住院的事情，感觉自己作为一个男生和一个女生较劲，也是挺不应该的，自己主动提出要向乐文文同学道歉，并保证以后一定按时完成青年大学习任务。

在送走了李明后，辅导员拨通了乐文文的电话，此时的乐文文正在医院里。辅导员询问了她妈妈的病情，提醒她暂时请假多照顾妈妈，同时也告知她，辅导员已知道事情的经过，请她抽空思考思考，返校了再详细沟通。10 月 16 日上午，乐文文来到辅导员办公室，承认自己做错了，不应该因为自己家里的事情对同学发火，但是并没有认识到其他方面存在的问题。辅导员说："第一，辅导员要表扬你负责任的态度。作为班级的团支书，认真负责地按照要求催促同学完成青年大学习，在群里提醒后又私下单独提醒。第二，和同学发生了矛盾，你觉得这是一个很小的事情，觉得辅导员平时特别忙，怕给辅导员添麻烦而没有报告辅导员。班级事务无小事，大的矛盾都是由很小的事情积累和引发起来的，此次发生矛盾引发了后续问题，差点就引发打架事件，这个已经不是小事了。任何事情都有解决的方法，遇事情要冷静，班上的同学不听招呼，不服从安排，可以换一个方式进行，可以告诉辅导员，请辅导员来提醒。辅导员有辅导员处理问题的方式。辅导员首先肯定会维护你团支书的权威。该灵活处理的需要灵活处理，辅导员及早介入，对处理事情肯定是有好处的。第三，要正确处理人际关系。有一个好闺蜜是件非常幸福的事情，但是如果发现闺蜜存在错误，而不加以制止，任由其发展，这就不是一个合格的朋友。申太勤同学帮你找李明同学发 QQ 消息进行骂战，表面上是帮你出了口气，但是实际上对问题的解决根本没有任何益处，反而使矛盾更加激化。如果在这个事情上李明和申太勤发生打架冲突，两个人都会被给予记过以上处分，取消所有'评优评先'资格，这个是非常不划算的。作为班级的团支书，一定要有责任感，遇到困难要想尽办法去解决。"经过这件事情以后，乐文文同学在处理班级事务上，有了比较大的改变，处理事情的方式也更加灵活了。

三、总结与启示

班级事务无小事，班干部的成长关系到班级的健康成长。一个比较有人格魅力和魄力的班长、团支书对班级的成长是非常重要的，能够促进班级同学团结互助，增强班级凝聚力。

案例 3　学生干部要以身作则

一、案例情况

陈妍洁（化名），女，汉族，财经学院会计专业 A1804 班学生。

陈妍洁同学 2018 年 9 月进入某职业学院财经学院就读会计专业。通过自己自愿报名参加班委干部竞选，陈妍洁成功竞选担任会计专业 A1804 班团支书。和这个孩子的第一次接触是在财经学院"拼搏里的青春"辩论赛主持人选拔的时候，那个时候辅导员担任财经学院团总支书记，还不是这个班的辅导员。这个学生给人的第一感觉，脸上表情很淡定，不管台上选手辩论多么激烈，很难看到她脸上表情的变化，给人一种很稳重的感觉。

2019 年 3 月，陈妍洁所在寝室内部出现了一些矛盾，她找到了辅导员，希望辅导员能给她一点建议。寝室矛盾主要表现在寝室关系不和谐。寝室总共有 4 名同学：陈妍洁、冉梁萍（化名）、王怡（化名）、尹舒（化名）。尹舒同学来自重庆主城区，性格比较孤僻，不太喜欢和寝室室友讲话，平时比较喜欢独来独往。在生活习惯方面，尹舒同学偶尔会睡得比较早，偶尔又会睡得比较晚，自己睡得早的时候就要求室友要关灯，自己睡觉睡得晚的时候又把电脑的声音弄得比较大，对室友要求有些双重标准。大一下学期，尹舒同学从会计专业 A1804 班转入会计实验班，上课时间不一致，更加加剧了寝室的矛盾。

二、解决措施

辅导员收到陈妍洁同学的求助后，首先跟陈妍洁同学谈话，了解寝室矛盾的起因，用换位思考以及个人不同习惯等方面开导陈妍洁，并找寝室其他同学进一步了解情况。辅导员引导陈妍洁，首先尽最大努力缓解寝室矛盾。在矛盾难以调解的时候辅导员才会同意换寝室的请求。也希望陈妍洁作为寝室长，能够在其中调解矛盾。在室友和辅导员的共同努力下，寝室 4 名同学开诚布公地进行了一次深入交流，把自己的顾虑和心事都说了出来，坦诚地面对自己和别人的优缺点，缓解了寝室矛盾，寝室生活能够正常进行，也没有发生第二次矛盾。

2018 年 11 月 19 日，陈妍洁同学参加了财经学院的职业生涯规划大赛。初选参赛人数比较多，由学生干部担任评委进行初选，第一轮淘汰了许多同学，其中也包括陈妍洁。但由于比赛赛制设置上存在一些问题，学生管理办公室主任综合了辅导员及部分学生干部的建议，也找到陈妍洁了解了一下比赛的具体过程和她对这件事情的想法，最后觉得放宽参加决赛的名额，让更多的同学参加决赛，给大家一个展现自己的舞台。陈妍洁很幸运地成为其中的一员。失败并没有给陈妍洁太多打击，但新的机会她认为自己要把握好。经过辅导员的指导，陈妍洁重点从职业生涯规划书的结构、性格测试、未来规划方面下功夫，训练自己脱稿演讲，运用手势等肢体语言配合自己所演讲的情景，最终获得了比赛的第一名。对于陈妍洁来讲，这是她大学生涯的第一个奖项。这件事对她的大学生活有了莫大的影响，她更想成为能够发光的存在。

2019 年 5 月，陈妍洁主动找到辅导员寻求帮助，她和其他学校的朋友加入了一个大学生创业项目。在告诉辅导员此事的时候，辅导员持支持态度，并且给了一些建议，同时也很郑重地表示，不论做什么，都要注意自身的安全，并且不能违反学校的规章制度。

2019 年 9 月 30 日，国家奖学金评选即将开始，辅导员给陈妍洁发了一份往年陈妍洁的学姐参加国家奖学金答辩的材料，希望她能够去争取获得国家奖学金。10月8日，陈妍洁仔细看完了国家奖学金应该提交的相关材料以及答辩需要的东西，也准备了部分需要的申请材料，但又认为自己不太适合，阅历尚浅，想着第二年再参加。一开始，辅导员抱着尊重学生的想法，答应了，但短短一小时后，辅导员再次给陈妍洁发了消息，再次表达了希望推荐她试一试的想法。陈妍洁也开始意识到，机会不可错过，机会只留给有准备的人，于是开始了紧张的准备工作。10月10日凌晨，陈妍洁给辅导员发了修改后的答辩材料，辅导员收阅后，给出了相应的修改意见。答辩在中午开始，在外开会的辅导员特意赶回来看了陈妍洁的答辩。虽然气氛有些紧张，但是陈妍洁完整地完成了这次答辩。功夫不负有心人，最后得到了评委们的肯定，获得了国家奖金学。自此以后，陈妍洁更懂得了有机会就应该去尝试的道理，哪怕经历失败，经历的过程也是一种锻炼，可以获得更加丰富的经验。

三、总结与启示

"其身正，不令而行；其身不正，虽令不行。"高职院校学生干部应以身作则，为人楷模，把学生紧紧地吸引和团结在自己的周围。辅导员要引导学生干部，注意培养自己的事业心，自觉认识自己所从事的学生管理工作的重要意义，明确自己所肩负的重托，增强责任意识，保持旺盛的工作热情，兢兢业业，积极工作，发挥好示范引领作用。

案例 4 学生干部代人上课问题处理

一、案例情况

谌艳玲（化名），女，汉族，财经学院会计实验1701班学生。

2018年5月16日是学生会干部竞选的日子，当时谌艳玲想竞选学生会主席，结果没有竞选上。她伤心了好一会，意志很消沉，想放弃学生干部竞选，感觉自己的努力没有被辅导员看见。辅导员从侧面了解到这一情况后，请谌艳玲到办公室谈话。辅导员告诉她，每个人都有优点和闪光点，没有被选上并不是因为你不好，而是别人可能比你更合适。

2019年5月17日，谌艳玲的朋友拉她进了一个代人上课的群，她当时并没有意识到事情的严重性，就去帮2018级的学妹上课，并且收费20

元。正好那天这个班的辅导员突击检查，于是她上完了一小节课就连忙走了。她以为自己侥幸逃过了这次的检查，哪知道"天网恢恢，疏而不漏"，最终她代人上课的事情被上报到了学院。

二、解决措施

事情暴露以后，谌艳玲心里第一个想的是很对不起辅导员，再也没有脸面出现在辅导员办公室，就在 QQ 上面跟辅导员说明了事情的详细经过。谌艳玲同学本来是想找辅导员向主管书记求情，请辅导员帮她申请把处分给降低点。对于谌艳玲同学的请求，辅导员狠狠地把她批评了一通，并告诉她，做人一定要有底线，也要有原则，超过了原则和底线的事情不能做，也不能贪小便宜，否则会吃大亏！作为一个学生干部，要以身作则，要严格要求自己，起好带头作用。帮别人上课，这是个非常严重的错误，首先自己要好好反省自己，而不是找辅导员想办法帮忙说情。最终谌艳玲被给予记过处分。

通过那次的事情，谌艳玲明白了没有规矩不成方圆，犯了错误就要接受惩罚。自那以后，她并没有因为犯了错误而颓废，反而在学习中比以前更努力，做任何事情也都尽量三思而后行。

三、总结与启示

在学生干部管理过程中，该奖励的时候，辅导员不要吝惜赞美。对学生干部的奖励应以精神奖励为主。处罚时也不能心软，当学生干部违反校纪校规时要坚决处罚。当其他同学看到和辅导员关系较好的学生干部都受到处罚时，校纪校规才更容易得到贯彻落实。总之，在日常工作中，辅导员要经常反思自己的行为，是否做到了对所有学生一视同仁，坚决杜绝不公正行为。

案例 5 班干部寝室问题处理（1）

一、案例情况

刘欢（化名）（女，汉族）、王玥（化名）（女，汉族）、宁夏（化名）（女，汉族），杨心欣（化名）（女，汉族），四人均为财经学院会计专业 A1701 班学生。入学时，按照报到时间被分到了同一间宿舍。

刘欢性格外向，家境富裕，入学后表现特别积极，受到班级同学认可，被选为副班长；宁夏在宿舍里特别活跃，又稍微比其他几名同学年长，被选为室长；王玥平时大大咧咧，说话直来直去；杨心欣，内向、胆小，平时只与寝室里这几位同学来往。

四名同学入住宿舍不久，在室长宁夏的组织下，根据辅导员的建议，建立了自己宿舍的室规，希望四名同学能相互包容、融洽相处。但入学不久，寝室同学就因为作息问题产生了矛盾。

在 2017 年 12 月 6 日，王玥通过 QQ 向辅导员反映：刘欢经常在24：00后还在打游戏，灯光刺眼、键盘的敲击声等，经常将睡着的王玥吵醒（王玥的睡眠质量较差，经常都是浅睡眠）。

二、解决措施

辅导员得知情况后，首先找到室长宁夏了解情况：①寝室室规规定的睡觉时间是 11：30，除了刘欢，其他三名同学基本上都是 11：00 左右就上床睡觉了。②刘欢是副班长，事情很多，经常都晚睡。有时候她确实是在做事情，但是有很多时候她都是在打游戏。其他三名同学担心伤了和气，并没有指出刘欢的作息问题。③王玥与刘欢两人的床是挨着的，所以王玥受到刘欢的影响会比较明显一点。

然后，辅导员对寝室问题进行了简单的分析：一是刘欢的作息时间确实有问题，但是其他同学也没有及时提醒她，使刘欢并没有意识到自己的行为对其他同学已经造成了比较严重的影响；二是王玥与刘欢之间也存在交流问题。

辅导员希望室长宁夏能在近期找一个合适的机会，组织四名同学敞开心扉深入交谈一次，让每一个同学都讲出自己的底线（自己在生活中最无法忍受的事情）。希望通过这种方式帮助同学们更加深入地了解彼此。毕竟四名同学来自不同的家庭，每个人都有自己的性格，大家相处的时间不长，也不可能通过一些简单的行为来判断彼此的喜怒哀乐。同时根据大家的交流来调整寝室的室规。如果同学们通过自己的方式仍然不能解决内部的矛盾，辅导员再介入协调处理。

12 月 7 日中午，刘欢、王玥、宁夏、杨心欣四名同学，就寝室作息问题和一些个人习惯问题在寝室内进行深入的交流。大家从最初的相遇，谈到四人组合的过程，再谈到彼此之间的矛盾，有笑声也有泪水。通过谈话，大家进一步认识了彼此，也认识到过去自己的行为当中的一些不妥。在刘欢真诚道歉之后，四人重归于好。

三、总结与启示

寝室关系不和在大学里很多寝室经常见到。归根到底，一方面，学生来自不同家庭，且独生子女居多，从小娇生惯养，很多学生往往以自我为中心，缺乏包容心，也不善于替别人着想；另一方面，每个学生都有自己的性格，而在 17 岁、18 岁的年龄阶段，他（她）们的人格也在完善当中，面对寝室生活过程中发生的各种小摩擦，很多学生都不能够采用一种合适的方式进行交流、处理。在通常情况下，只要辅导员能够正确引导，大部分寝室问题还是能够顺利解决的。

案例 6 班长角色转换问题处理

一、案例情况

2017 年，新生进校，杨星（化名）主动来到办公室跟辅导员说要当班长。在 9 月份的军训期间，杨星积极主动为同学服务，成了辅导员的得力小帮手。在国庆节大假后，在班级的班委选举中，杨星顺利当选班长。杨星对自己要求很高，做事情有条理、有想法，辅导员原本以为这个班级在她的带领下会越来越好。但一个月以后，班级很多同学跑来向辅导员告状，说杨星太自我、太高傲。辅导员将同学们所反映的具体事件一一记录梳理，发现问题的主要原因是班级事务都必须听她的，而且一定要规范地完成，很多学生习惯于被照顾的感觉在她这里被忽视了。大家希望班长多从他们的角度出发考虑问题，而不是从问题的本身来解决问题；希望班长能帮忙代劳一些事务，而不是事事需要他们自己来做。

辅导员找来杨星，询问她目前的工作情况。杨星抱怨这群学生都是未长大的孩子，一点也不像大学生，有通知不看，非要什么事情都问她，并且不能按照要求完成任务，总是拖拖拉拉，让她很生气。

杨星从高中时候就开始打暑假工，有很强的自立能力，做事情有条理、有效率，和这群总是由父母或他人代劳的学生明显不同。他们之间的矛盾在于对事情的认识不一、做事的思维和效率不一。辅导员首先给杨星分析了多数同学成长的背景和对事物的认识情况，让她认识到他们多是独生子女，从小都是被惯着的，基本上不用自己操心学习以外的事情，也不会去思考学习以外的事情。在高中，他们只需要关注自己的学习，任课教师也时刻跟随和关注着他们的情况，他们除了学习，什么都不用思考，大多数没有外出打工的经历，学校和家庭就是他们全部的生活。如今来到大学，各种活动明显多于高中，而教师和他们相处的模式也在改变，他们开始从什么都要教师管束到自由时间增多、自主意识增强。他们还没有适应过来。一方面，他们希望有人来管着他们，替他们做事；另一方面又极力想证明自己，希望自己的声音被听见。这是一个正常的角色转换的过程。所以，我们不能急，得慢慢地引导他们逐渐从高中状态走向大学状态，学会自主思考、自主解决问题。同时，班长也是学生，不能高高在上，而是要走进学生中。班长是带领者，也是服务者，更多的时候是在服务中影响学生。杨星认识到了自己工作方式太过简单直接，保证后面会注意自己的言行。

然后，辅导员给这个班级开了一次班会，主题就是"我长大了"。首先，辅导员讲了高中和大学的区别与联系，讲了踏入社会和大学的区别与联系，让他们知道"长大"是必需的。无论自己是否愿意，我们都必须逐渐学会独自承担一些东西，都必须学会遵守规则，做好自己的事情。然后，辅导员请大家自主发言，说说进入大学后哪些事情是自己必须独立解决的，哪些规则是自己必须遵守的，哪些能力是自己必须培养的。最后，辅导员做了总结，要求大家努力培养独立解决问题的能力，不能"等靠要"，辅导员、班委都只能在必要的时候提供帮助，我们必须自己处理好自己的事情。

通过这一次班会，辅导员发现同学们逐渐不再依赖他人，独立性有所增强。在杨星的带领下，这个班的出勤率最高、违纪率最低，同学们毕业后更换工作的频率最低。他们真的长大了！

二、解决措施

（1）在有同学向辅导员告状后，辅导员找来杨星，询问她目前的工作情况。了解情况后，辅导员首先给杨星分析了多数同学成长的背景和对事物的认识情况。其次告诉她班长也是学生，不能高高在上，而是要走进学生中。班长是带领者，也是服务者，更多的时候是在服务中影响学生。

（2）辅导员给这个班级开了一次班会，主题就是"我长大了"，让孩子们学会自己长大。然后，辅导员请大家自主发言，说说进入大学后哪些事情是自己必须独立解决的，哪些规则是自己必须遵守的，哪些能力是自己必须培养的。最后，辅导员做了总结，要求大家努力培养独立解决问题的能力，不能"等靠要"，辅导员、班委都只能在必要的时候提供帮助，我们必须自己处理好自己的事情。

三、总结与启示

通过这一次班会，辅导员发现同学们逐渐不再依赖他人，独立性有所增强。在杨星的带领下，这个班的出勤率最高、违纪率最低，同学们毕业后更换工作的频率最低。他们真的长大了！

案例 7 班委矛盾问题处理

一、案例情况

2017 年，新生入校一个月后，有个班级的几个班委之间、几个同学和班委之间总是产生矛盾，虽然都是鸡毛蒜皮的小事，但大家都弄得很不愉快，整个班级有种压抑的感觉。辅导员总觉得事情没有这么简单，于是私下里一对一找她们了解情况，但得到的都是对方看自己眼神不对、对方说话难听、班委态度不好等，而具体的事情都是很小的事情。

在一次班级活动中，钱艳（化名）故意找班长吴青（化名）的茬，弄得整个活动很混乱。吴青终于向辅导员吐露实情：原来，在军训过程中，钱艳私下组建了一个班级群，把军训教官加了进去，他们每天都会在里面聊天。钱艳喜欢教官，向教官表白了，但教官说他喜欢的人是吴青，于是钱艳就视吴青为眼中钉、肉中刺，邀约几个要好的同学，包括一个班委苗林（化名），总是在班上和吴青对着干，扬言只要她在一天，就不会让吴青有好日子过。军训结束后，这个群就解散了，吴青没有再和教官有联系。她曾主动找到钱艳说自己已经和教官没有任何联系，也不会接受教官。钱艳说自己也删除了教官，但是这件事情让她很没面子，她不能原谅吴青。

辅导员找了班级 25 个同学和三个班委，让他们谈谈他们对于吴青、钱艳和苗林的了解和看法，结果大家普遍认为吴青工作能力强，钱艳爱挑刺，平时总感觉她事事针对班长。苗林和钱艳关系比较好，脾气比较急。

辅导员找到钱艳，询问这次活动的事情，钱艳说吴青没有管理才能，活动安排不合理，她不过是说了两句自己的意见而已。辅导员问她除了这次活动外，她还有什么对吴青不满的地方，请她列举一下吴青的优缺点。她说吴青工作态度不行，对同学服务不到位。辅导员告诉她，首先非常感谢她监督班委的工作，如果班委有不胜任的地方，可以私下指出或者找辅导员说明情况，但在班级举办活动之时当着全班的面指出，此举不妥。辅导员已经私下调查了班级同学的民意，吴青工作能力强，能胜任班级的工作，班级多数同学表示支持她的工作。所以，辅导员不会更换班长，辅导员希望她回去好好想想，想想自己作为一名大学生，应该以什么样的心态和状态与其他同学相处。对班委工作的支持，不仅是对对方的尊重、对班级集体负责，更是自身素质的体现。同时，作为大学生，面对同学，也要多看优点，多宽容和鼓励。辅导员询问她除了对吴青工作上的意见外，对她个人是否有意见。她说没有。辅导员没有提及教官的事情。辅导员告诉她，人都要学会成长，学会放过，特别是不属于自己的东西，不要沾染，更不要赌气，要把自己的时间和精力用在更有意义的事情上，比如学习、提升自我。她说自己听进去了，以后一定配合班委的工作。

辅导员找到苗林询问情况，她说这次活动吴青做得很失败，组织得不好，所以和吴青产生了冲突。辅导员首先肯定了她作为班级学生和班委对班级活动的关心，但同时也指出，作为班委，若活动有问题，首先想到的应该是怎么解决问题，而不是班委之间互相抬杠，甚至在班级同学面前互相指责，出言不逊。这样的做法，不是一个合格班委的做法，不仅没有解决问题，反而让班级氛围紧张，其他同学如何看待你的所为？苗林表示知道自己当时太冲动了，做得不合适，以后会注意的。辅导员又说，作为组织委员，班级活动没有组织好，你也有责任，而且责任很大。每一个班委在做好自己的分内之事的同时也要配合好其他班委的工作。你既没有做好自己的分内之事也没有做好配合工作，应该受到严厉的批评。如果对吴青个人有其他意见，可以私下指出，也可以找辅导员说明，而不是牺牲整个班级的利益，破坏班级的活动，伤害班级同学之间的感情。辅导员的批评很严厉，苗林说自己认识到错误了，当时是冲动昏了头。辅导员要求她主动向吴青道歉，解释清楚当时的事情，并保证以后不再犯。苗林回到宿舍找到吴青当面道歉，两人心中都没有了芥蒂。

随后辅导员在班级开了一次班委会。辅导员对所有班委说，班级是一个整体，班委作为链接班级同学的纽带，一定要相互帮助、团结共进，才能将班级建设好。

然后，辅导员让吴青和苗林一起策划一次"同学情谊"主题活动，此次活动的目的是增进同学之间的了解和感情，提升班级的凝聚力。吴青和苗林为此次活动花费了很多时间和精力，在活动的策划和筹备过程中，她们二人之间更加了解，也增进了友谊。后面的三年，她们俩成了朋友。而钱艳也开始有了自己的新目标，没有再因为教官的事情和吴青闹别扭。在她们毕业前夕，辅导员和钱艳聊起当初的事情，她主动说是因为觉得教官拒绝了自己很没面子，才把气撒到吴青身上，后面觉得自己确实做得不对，并感谢辅导员当初没有揭穿她。看到她能正视自己的错误，辅导员倍感欣慰。

二、解决措施

（1）2017 年，新生入校一个月后，有个班级的几个班委之间、几个同学和班委之间总是产生矛盾。辅导员总觉得事情没有这么简单，于是私下里一对一找她们了解情况。

（2）在了解情况过后，辅导员找了班级 25 个同学和三个班委，让他们谈谈他们对于吴青、钱艳和苗林的了解和看法。

（3）辅导员找到钱艳，询问这次活动的事情。钱艳对吴青意见很大。辅导员私下调查了班级同学的民意，辅导员表示不会更换班长，辅导员希望她回去好好想想，想想自己作为一名大学生，应该以什么样的心态和状态与其他同学相处。对班委工作的支持，不仅是对对方的尊重、对班级集体负责，更是自身素质的体现。同时，作为大学生，面对同学，也要多看优点，多宽容和鼓励。辅导员询问她除了对吴青工作上的意见外，对她个人是否有意见。辅导员告诉她，人都要学会成长，学会放过，特别是不属于自己的东西，不要沾染，更不要赌气，要把自己的时间和精力用在更有意义的事情上，比如学习、提升自我。

（4）辅导员找到苗林询问情况，她说这次活动吴青做得很失败，组织得不好，所以和吴青产生了冲突。辅导员首先肯定了她作为班级学生和班委对班级活动的关心，但同时辅导员也指出，作为班委，若活动有问题，首先想到的应该是怎么解决问题，而不是班委之间互相抬杠，甚至在班级同学面前互相指责，出言不逊。要求她主动向吴青道歉，解释清楚当时的事情，并保证以后不再犯。

（5）辅导员在班级开了一次班委会。辅导员对所有班委说，班级是一个整体，班委作为链接班级同学的纽带，一定要相互帮助、团结共进，才能将班级建设好。

（6）然后，辅导员让吴青和苗林一起策划一次"同学情谊"主题活动，此次活动的目的是增进同学之间的了解和感情，提升班级的凝聚力。吴青和苗林为此次活动花费了很多时间和精力，在活动的策划和筹备过程中，她们二人之间更加了解，也增进了友谊。

三、总结与启示

班委的团结对于班级的管理至关重要，协调好班委之间的关系，帮助班委团结共进是辅导员管理工作中的重中之重。只有班委建设好了，班级才能积极上进。

第四节　经济困难学生管理案例

立德树人是教育工作的根本任务，也是学生资助工作的根本任务。我们在实践中不断总结，将育人作为资助工作的出发点和落脚点，积极探索精准资助育人体系。为了满足不同家庭经济困难学生在兴趣培养、能力提升、视野开阔等方面的实际需求，我们组织实施了融合生活物资保障、思想政治引领、综合素质提升、心理健康疏导、职业发展教育、学业规划指导的"六融同育"资助育人培训与实践项目，每学期提供"学生资助成长选项菜单"，经过学生工作部微信平台发布、学生个人申请和自主报名等程序，促进学生提升自信、热爱生活、学习进步、开阔视野、增强就业竞争力。该项目实施3年来，全校3 000余名家庭经济困难学生参与其中。学生工作部强化资助典型宣传，树立学生党员榜样，大力弘扬青春正能量，以组织国家奖学金公开答辩评审会、"身边的榜样"、"十大优秀学生标兵"、优秀学生表彰会为抓手，选树家庭经济困难学生中的学生党员典型，激发学生内生动力，使他们知恩、感恩、报恩，做到自信、自立、自强。家庭经济困难学生用各自的先进事迹充分展示了自立自强、奋发向上的精神风貌，为同学们树立了模范典型和岗位标杆。

案例 1 帮助学生找到努力的方向

一、案例情况

陈清钰（化名），女，苗族，财经学院会计专业 A1805 班学生，家庭经济困难学生。

2018 年 10 月，大一新生进入大学已经半个多月，新生军训完开始上课了，对大学有了基本的了解。这时候，陈清钰发现理想中的大学生活和现实生活中的大学生活好像有点差距，大学生活没有想象中那样有意思。为了让自己不那么颓废，她加入了学生会，参加班干部竞选，每天过着上课、开会的生活，久而久之就感到很迷茫。这时，新换的辅导员为了和班上同学尽快熟悉、了解班上同学情况，与班上同学一一进行了单独的交流。趁此机会，她告诉辅导员她感到很迷茫，因为在高中每天都是学习和刷题，为了高考、为了上大学，时间都被排得满满的，过得很充实。而上了大学之后，终于过上了以前想要的生活，每天有更多的时间打游戏、追剧，她反而不开心了，不知道自己能做什么，不知道自己该往哪个方向努力。

二、解决措施

了解到情况后，辅导员约陈清钰同学谈心，告诉她一定要定一个目标，做好自己未来的职业生涯规划。辅导员给她分析了两种专升本方式的利弊，让她考虑好选择哪一种，早做打算。此外，给她介绍了会计专业一定要考取的初级会计证书，英语基础好的，也可以考英语四、六级证书，并且让她进学生会多参加活动、多向学长学姐学习，积累经验。

辅导员的建议让陈清钰不再迷茫，她制定了小目标与总目标，并一个一个努力去实现。她摆脱了每天像咸鱼一样的生活①，不再浪费青春，而是努力学习、努力生活，希望毕业时能交出一份令自己满意的答卷。

陈清钰作为会计专业 A1805 班的班长，时常会用到 Excel 类办公软件来统计同学们的信息。初次面对此类软件，她觉得是如此的陌生，往往显得力不从心。后来经过辅导员指点，她逐渐熟悉了软件的操作，工作越来

---

① 像咸鱼一样的生活：每天打游戏、追剧、迷茫的生活。

越顺利。

为了减轻家庭的经济负担，在学校招聘勤工助学岗位时，陈清钰抓住了这个机会，成为辅导员的学生助理，跟着辅导员学习了很多知识，也收获了宝贵的工作经验。

三、总结与启示

家庭经济困难并没有让陈清钰同学自暴自弃。她迎难而上，在做好自己班长本职工作的同时，应聘学校勤工助学岗位，担任辅导员助理，思想上积极进步，已经成为一名预备党员；学习努力刻苦，获得了国家励志奖学金、校级一等奖学金，被评为优秀共青团干部、优秀学生干部，带领班级获得了"重庆市先进班集体"荣誉称号。

辅导员在资助工作中，要将资助育人与思想政治引领相结合，结合我国传统文化，在新生入学教育、奖助学金评定发放、毕业离校等重要时间节点，不断创新育人活动形式，丰富育人活动内容，开展"文明礼仪素养""共抗疫情，爱国力行"等道德浸润项目，通过主题教育引导、典型榜样激励、学生互育自育帮助困难学生树立科学的世界观、人生观、价值观，帮助学生找到努力的方向。

案例 2　学生诚信问题处理

一、案例情况

谭苗（化名），女，汉族，财经学院会计专业 A1805 班学生，家庭经济困难。

大一刚入学那段时间，辅导员会时不时地把每个班的寝室室长留下来开个小会，以此来了解学生们近段时间的生活、学习情况。当时这个学生给辅导员的第一印象就是文文静静的。2019 年 4 月，临近五一节假期的时候，谭苗同学给辅导员发 QQ 消息，说身份证到期，想提前请假回家办理身份证。在高职学校，临近小长假的时候，是学生请假的高峰期，学生担心买不到票或者回家堵车，会找各种理由来请假，申请提前离校。谭苗同学在没有得到辅导员同意请假的情况下，就购买车票回家了。在学生心中，自认为给辅导员发了 QQ 消息，就已经完成了请假手续。

二、解决措施

2019 年 4 月 30 日下午，在会计专业 A1805 班最后一节课，辅导员去教室检查了学生课程出勤的情况，发现全班就谭苗同学一个人在未完善请假手续的情况下提前离校，这是典型的"霸王假"。既然学生已经离开了学校，此时辅导员再怎么发火也解决不了问题。辅导员给谭苗同学打电话，严肃批评了该同学，让谭苗假期在家里写 3 000 字的检讨，让学生体会到违纪成本，等收假后再到办公室谈话。因为谭苗家离城镇比较远，办理身份证跑一趟需要 3 个多小时，辅导员又放下手中的工作，向身边的朋友咨询了办理身份证的具体流程以及需要准备的材料，编辑好消息发到谭苗的 QQ 上，让谭苗少跑路。在辅导员的帮助下，谭苗同学很顺利地办理好了身份证。回到学校后，谭苗很坦然地走进辅导员的办公室，非常诚恳地接受辅导员的批评，保证以后不再随意请假，做事情讲规矩，做一个讲诚信的大学生。

三、总结与启示

辅导员在资助育人过程中应紧扣诚信、感恩、励志，培养学生诚信意识、知恩图报、自强独立、敢于担当的优秀品质，在日常资助育人活动中，深入开展诚信主题教育，引导大学生养成良好的风险意识和契约精神。

案例 3　引导学生树立清晰的奋斗目标

一、案例情况

曹诗（化名），女，汉族，财经学院财务专业 A1604 班学生，2016 年 9 月入学。

曹诗的父母都是普通农民，没什么知识与技能，长年靠务农维持家庭生活，收入微薄。一次，她的母亲在干活时，不小心从楼梯上摔下来，造成胳膊粉碎性骨折，从此不能再干重活；她的爷爷、奶奶年迈多病，常年需要药物治疗；她的弟弟年少不懂事，虽然没有继续读书，但基本生活费都需要家人支持。全家的经济主要靠她的父亲务农和打零工支撑。由于曹诗家的情况特殊，也因此被评为了当地的建卡贫困户。

在高中毕业时，曹诗没有如愿以偿考入本科院校，心里十分失落，但并没有丧失信心，她希望通过专升本的方式，完成自己的梦想。而在填报大学志愿时，她发现上大学每年的学费、生活费是一笔不小的开支，又将加大父亲的负担时，她感到十分的纠结和难受，一度想放弃读书。后来，曹诗了解到国家为了鼓励与资助大学生读书，出台了"雨露工程"，这给了她极大的鼓舞，让她看到了读书的希望。通过申请，她终于走上了求学之路。

上大学后，曹诗并没有因为家庭经济贫困而自卑，而是十分珍惜来之不易的求学机会。一进校，她便树立了自己的学习目标，学习中勤奋刻苦，每天奔波于图书馆、教室之间，带领全寝室同学制订了三年的学习计划。在她的带领下，全寝室形成了一个非常好的学习氛围。第一学期学完，曹诗成绩名列班级第一，同寝室其他几名同学也都是班级前十。她除了学好每门课程外，还会参加各种各样的活动，不断提高自身的综合素质。此外，她还通过申请国家助学金、参加勤工助学工作，减轻家里的经济负担。

然后，不幸的事情再次降临到了这个原本困难的家庭。2016 年 6 月，曹诗 18 岁的弟弟被查出患骨髓母细胞瘤，生命岌岌可危。为了挽救垂危的弟弟，父母四处凑钱。全家光是治疗费就欠上了数十几万元的债务。

2017 年 9 月，曹诗怀着沉重的心情来到学校，将自己的事情告知了辅导员。辅导员了解情况后，第一时间将曹诗的情况上报学院，并根据《某职业学院学生临时困难补助管理办法》为曹诗申请了 3 000 元的临时困难补助。然后，辅导员在学院内组织同学们发起了捐款活动，希望能为这个困难的家庭献出大家的一份爱心。

虽然遭遇了家庭的重大变故，但是曹诗仍然没有被击倒，也没有放弃自己的梦想。为了不增加家里的负担，她通过申请国家助学贷款，缓解了学费的压力；通过申请勤工助学的岗位、周末校外兼职等赚取基本的生活费，并在 2016 年的 9—10 月，根据《某职业学院家庭经济困难学生认定办法》《某职业学院国家助学金评定办法》，申请到了国家一等助学金；并且根据《某职业学院国家励志奖学金评审管理办法》，在经过申请、评议、审查、公示等程序后，申请到了国家励志奖学金。

在获得了一系列资助后，曹诗感动不已。她将这份感恩深深地埋入心里。当其他同学遇到困难时，虽然自己也特别的困难，但是她仍然倾囊相助；在勤工助学的岗位上，更是尽职尽责，尽自己最大的努力去完成好每一项任务；学习上，没有一丝的松懈，不光自己学习成绩好，还帮助其他同学共同进步；当同学有问题时，她主动去和同学、教师沟通，做同学与教师之间的桥梁……就在这样平凡的学生生活中，她默默地尽最大的努力来回报同学、教师、学校、国家给予她的帮助。

2018年9月，曹诗进入大三学年，一开学她就又面临了两难的境地。一方面，她的弟弟经过一系列的化疗治疗，情况有所稳定，能回到家休养。但是一年多来的治疗费、药费已压得全家喘不过气来。另一方面，到了准备专升本备考的时间了，如果选择报考专升本且考上了，以后的学费、生活费也是她将面临的一个大问题；如果不考，直接找工作，自己的梦想就彻底破灭了。在梦想与现实的困难面前，她不知该如何选择。

二、解决措施

曹诗找到辅导员，对辅导员讲述了自己面临的问题。辅导员在知道情况后，和曹诗一起进行了分析。首先，辅导员就她的职业生涯目标进行了定位，倾听了她的职业生涯规划以及实现途径。然后，一起分析了目前所面临的主要困难以及解决方案。最后，辅导员就曹诗最担心的学费、生活费的问题进行了政策讲解。除了她已经知晓的国家助学政策之外，辅导员还详细介绍了学校资助贫困学生的相关政策。

曹诗家是重庆市建卡贫困户，属于政策资助的范围，可以通过申请，获得相关的资助。此外，即使是专升本到了其他学校，国家的资助政策也是同样可以享受的。辅导员也相信，除了国家、政府资助的部分，曹诗凭借自己的能力也能解决面临的暂时困难，顺利实现自己的本科梦想。

在经过与辅导员沟通后，曹诗坚定了专升本的决心，将主要精力放在了备考上，经过其自身的不懈努力，顺利地升入了本科院校，继续朝着她的梦想不断前进。

三、总结与启示

人不能选择自己出生的家庭，但是在成长的过程中，如果能够明晰自己的奋斗目标，勇敢地面对一个又一个的困难，朝着自己的梦想不断前进，相信一定能有所收获。大学生在成长的过程中，有时会因为各种原因，迷失自己的方向。此时辅导员的答疑解惑、疏解引导，对学生的成长成才将起到十分重要的作用。

案例 4　通过家访深入了解学生家庭情况

一、案例情况

郑静（化名），女，汉族，财经学院财务专业 A1601 班学习委员，性格乐观外向，擅长唱歌。

2016 年 9 月新生入学后，郑静特别积极向上，在军训中以突出表现获得了"优秀学员"的称号，并得到同学们的认可，当选为班级学习委员。

军训结束后，辅导员便开始逐一对班级同学进行了解。通过新生登记表和面对面交流，辅导员了解到：郑静的父母都是农民，在郑静刚上小学时父母便离婚，郑静从小跟着母亲长大。郑静的父母离婚后，父亲就再没有抚养过郑静。郑静的母亲为了能给郑静更好的生活条件，带着郑静来到城里，通过打工艰难地维持着母女两人的生活。

考虑到年龄和工作的问题，在母亲的支持下，郑静通过中升高考试进入了某职业学院财经学院财务管理专业。她希望通过学历和专业技能的提高，毕业时找到更好的工作，减轻母亲的负担，改变家人的生活状态。

为了能顺利完成学业，郑静在进入大学前根据国家生源地助学贷款相关政策，成功申请到 8 000 元的助学贷款。9 月底，辅导员组织班级同学召开了家庭经济困难认定相关政策宣讲主题班会，详细解读了《某职业学院家庭经济困难学生认定办法》及《某职业学院国家助学金评定办法》的相关内容，并要求同学们根据自己家庭的情况，在规定的时间内提交申请，以便班级评议小组进行评定。但郑静并没有提交困难认定申请。

二、解决措施

辅导员在得知情况后，找到郑静进行了交流。郑静告诉辅导员：自己可以通过兼职（直播唱歌）来赚取生活费用，希望将助学金留给其他更困难的同学。辅导员对郑静自立自强的行为进行了表扬，但同时也提醒郑静，在兼职的过程中，一是要注意网络安全；二是对直播的内容要有正确的判断力，不发生违规违纪、不得体的行为；三是不能耽误自己的学业，扰乱正常的大学生活，同时不能影响其他人。

2017 年 4 月 5 日，郑静来到辅导员办公室请求辅导员给予帮助。郑静向辅导员反馈称，母亲因为肾脏不好，检查时显示肾功能有问题，自己想说服母亲去大医院治疗，但其母亲因怕治疗费用太高，选择了去私人诊所吃中药。由于担心中药的药效慢，造成病情延误，所以郑静十分着急，不知道怎么办好。

辅导员在了解情况后，首先对郑静进行了安慰，希望她不要过于悲观，然后告知郑静：第一，对于病情的诊断，我们毕竟不是专业的医护人员，还需要跟母亲一同去医院进行检查、咨询；第二，可以求助亲戚的帮助，共同说服母亲到正规的医院进行治疗；第三，如果确实无法劝动母亲，又对中药的治疗效果有疑虑，可以根据母亲的身体情况，督促母亲定期复查，及时准确就医。最后，辅导员建议郑静在这段时间里要多跟母亲心平气和地沟通。

与郑静进行交流后，辅导员电话联系了郑静的母亲，就郑静担忧的问题与其母亲进行了沟通，希望其母亲能以身体为重，通过多种方式解决治疗费的问题。郑静的母亲告诉老师，通过中药治疗病情已经有所好转，感谢学校和辅导员的关心。

2017年7月，辅导员根据所了解的学生家庭情况，来到郑静家进行家访，并了解到：郑静一家居住在租赁的10余平方米破旧房子内，母亲在纸厂做临时工，因为肾病一直在吃药治疗。郑静通过网络平台兼职的收入，除了维持自己的生活开支，偶尔还要补贴家用，家庭经济比较困难。家访中，辅导员首先向郑静的母亲表示了慰问，然后就郑静在学校的优秀表现与其母亲进行了交流，最后就国家出台的相关资助政策进行了讲解，希望能对郑静及其母亲有所帮助。

2017年9月，在新学年的家庭经济困难认定工作中，辅导员再次组织班级同学，召开了家庭经济困难认定相关政策宣讲主题班会。在听取相关资助政策后，郑静根据自己的家庭情况，按要求提交了家庭经济困难认定申请。鉴于郑静的家庭情况，班级评议小组根据《某职业学院家庭经济困难学生认定办法》第三章认定依据进行认定：

第十条（二）比较困难，指学生及其家庭能保障少部分在校期间学习、生活基本费用，需要国家、学校、社会资助。

（1）家庭人口多，兄弟姐妹多人接受非义务教育；

（2）父母双方下岗，家庭经济困难；

（3）父母一方因病丧失劳动能力或家有病人需要常年治疗的；

（4）其他情况导致家庭经济比较困难的。

郑静被认定为家庭经济比较困难学生，并得到班级同学的一致通过。

2017 年 10 月，根据《某职业学院国家助学金评定办法》相关程序的评定，郑静获得了该学年的二等国家助学金。

在 2017—2018 学年中，郑静通过申请获得了 8 000 元的助学贷款、3 000 元的助学金，并经过 2016—2017 学年的勤奋学习，获得了 600 元的校级二等奖学金，帮助郑静缓解了部分学习、生活中的经济困难，也增加了郑静克服眼前困难的信心。

三、总结与启示

家访是了解学生及其家庭生活最直接最有效的方式之一。通过家访，辅导员不但可以掌握最真实的学生情况，还可以拉近与学生之间的距离，对开展学生思想政治教育工作，具有十分重要的作用。在家庭经济困难的学生中，部分学生因为家庭原因而自卑，不愿让他人了解真实的自我，可能造成得不到资助，增加家庭经济压力，甚至无法顺利完成学业的情况。通过多种方式更好地了解学生，对开展学生管理工作具有十分重要的现实意义。

案例 5 学生感恩教育问题处理

一、案例情况

何玥（化名），女，汉族，会计学院财务专业 A1606 班学生，性格比较内向。2016 年 9 月入学。

何玥的父亲在何玥上初中时因病去世。其母亲是一名普通的工人。何玥的父亲去世后，母女俩相依为命，生活比较拮据。

2016 年 9 月底，辅导员组织班级同学召开了家庭经济困难认定相关政策宣讲主题班会，详细讲解了《某职业学院家庭经济困难学生认定办法》《某职业学院国家助学金评定办法》的相关内容。何玥根据自己的家庭真实情况申请了家庭困难学生认定。

《某职业学院家庭经济困难学生认定办法》第三章认定依据第十一条（三）一般困难，指学生及其家庭能保障大部分在校期间学习、生活基本费用，其余部分需要国家、学校、社会资助补充。

（1）家庭收入以务农为主、人口多、劳动力少的；

（2）城镇家庭父母一方为下岗职工或无固定工作、家庭生活水平略高于城镇居民最低生活保障线水平的；

（3）其他情况导致家庭经济困难的。

鉴于何玥的家庭情况，经班级评议小组评议，何玥被认定为一般困难家庭，经过公示得到班级同学一致通过。

2016年10月，根据《某职业学院国家助学金评定办法》相关的评定程序，何玥获得了该学年的三等国家助学金。在得到国家助学金后，何玥能够做到努力学习，无违规违纪情况。

2017年4月27日中午，辅导员组织班级同学召开了五一节假日安全教育主题班会。会上辅导员除了提醒同学们注意相关的安全外，还一再强调：不得以任何理由，如"已购买火车票""有车接""堵车"等，未假擅自离开学校（特殊情况除外）。请同学们严格遵守学校规定，上完课、履行完成正常请假手续后再行离开学校回家。28日下午，辅导员在课间查课的时候，发现何玥并未上课。电话联系何玥才知晓，其已于28日上午离开学校，正在返回甘肃老家的火车上。

二、解决措施

辅导员知道情况后严肃地批评了何玥，但出于对其安全的考虑，只得提醒她在返家的途中注意人身和财产安全。同时，电话联系了何玥的母亲，告知其学校五一节放假时间为4月29日~5月1日，在27日的班会中已明确告知同学们放假时间及注意事项，但何玥旷课、未假擅自离开学校。请家长注意联系，待何玥回家后进行批评教育，并提醒何玥1日晚准时返回学校。1日晚上，何玥仍然没有回到学校。辅导员多方联系，才知晓何玥与其男朋友因事耽误了赶火车而改买了2日早上的特价机票。直到2日下午，何玥才返回学校。

5月2日下午，何玥到校后，主动找辅导员承认错误：一是没有遵守学校的规定，擅自离校，也没有及时返回学校。二是因为个人原因，造成旷课和夜不归寝。三是在整个过程中，没有及时与辅导员、家人进行沟通，让大家都为她担心。对于自己的不当行为，她深表歉意。见到何玥安全返回，辅导员总算松了一口气，也没有再对她进行过多的批评，但是明确地告知何玥，根据《某职业学院学生手册》第三章违纪行为与纪律处分第九条、第十七条的规定：学校对旷课、晚归、夜不归寝的学生实行黄红牌警示制度。学期内旷课累计12~19学时者，将给予红牌警示；学期内夜不归寝累计2次者，将给予红牌警示，希望何玥从此以后不再出现类似的情况。学校给予学生助学金的主要目的是帮助家庭困难的学生顺利完成学业，作为受资助的同学，应当将主要的精力放在学习上，不负国家、社会的帮扶，更不应该出现违规违纪的情况，在同学中造成不好的影响。希望何玥能从思想上真正意识到自己的错误。在此事后，何玥能做到严格要求自己，努力学习，积极参加志愿者服务活动，再未出现违规违纪的情况。

2017年9月开学，何玥找到辅导员，告知其母亲在暑假时，因患乳腺癌，做了乳腺切除手术，目前还需要进行化疗，母亲的治疗费用和自己的学费、生活费成了全家巨大的压力，不知道如何是好。辅导员了解情况后，及时将何玥的情况上报学校，并根据《某职业学院学生临时困难补助管理办法》为何玥申请了3 000元的临时困难补助，并组织同学积极为其捐款献爱心。

在9月的家庭经济困难认定中，班级评议小组根据学校相关规定对申请者进行评议。

《某职业学院家庭经济困难学生认定办法》第三章认定依据第十条（一）特别困难，指学生及其家庭完全不能保障在校期间学习、生活基本费用。主要指：

（1）建档立卡贫困家庭学生、最低生活保障家庭学生、特困供养学生；

（2）孤儿学生、烈士子女；

（3）家庭经济困难残疾学生及残疾人子女；

（4）家庭遭遇重大疾病，遭遇重大自然灾害以及其他突发事件而造成经济特别困难的学生；

（5）其他需要依靠国家、学校、社会资助保障学习、生活基本费用的特别困难学生。

由于何玥的母亲遭遇重大疾病，家庭收入低，经过班级认定评议、二级学院认定、学校认定、结果公示等程序，何玥被认定为家庭经济特别困难学生。10月，根据《某职业学院国家助学金评定办法》相关的评定程序，何玥获得了4 000元的一等国家助学金，这也帮助其缓解了学习、生活中的经济压力。同时，何玥还利用周末到校外进行兼职，赚取基本生活费用，以减轻家庭经济压力。

三、总结与启示

在母亲遭遇重大疾病后，何玥成长了许多，真正懂得了感恩，学习上也更加勤奋努力，在大二学年还获得了三等校级奖学金。造成家庭经济困难的原因可能有多种，学生的成长环境不同，成长快慢也不同。进入大学后，还需要辅导员继续有针对性地进行管理、引导，才能帮助学生更好地成长、成才。

案例 6 学生消费观问题处理

一、案例情况

罗霞（化名），女，汉族，财经学院会计专业 A1601 班学生，2016 年 9 月入学。

罗霞家是一个三口之家，父母均为农民，由于没有什么技能，只能常年在家务农，家庭收入较少。罗霞中职毕业后，通过中升高考试进入了某职业学院财经学院会计专业。

新生报到时，罗霞被分配到了 C1506 寝室。由于该寝室其他三名同学均来自重庆主城区，家里条件均较为宽裕，平时使用的生活用品、电子产品等都较为高档。在虚荣心的驱使下，为了缩小与其他同学的差距，罗霞将自己打扮得前卫、时尚，手机也换成了苹果手机。

2016 年 9 月底，辅导员组织班级同学召开了家庭经济困难认定相关政策宣讲主题班会，详细地讲解了《某职业学院家庭经济困难学生认定办法》的相关内容。罗霞根据自己的家庭情况也申请了家庭经济困难认定。

为了公平、公正地进行家庭经济困难认定，辅导员以寝室为单位，组建了班级困难认定评议小组，并得到了全班同学的认可。在评议的过程中，由于大家都是大一新生，且军训时并未被编在一个连，相互之间并不熟悉，加上班级评议小组成员对每位同学的真实家庭情况了解不深，只能根据《某职业学院家庭经济困难学生认定办法》、各位同学提交的申请材料描述，以及大家相处中的了解进行认定。经过评定，评议小组一致认定罗霞为家庭经济不困难学生。看到评议结果，罗霞对评议结果表示有异议，找到了辅导员。

二、解决措施

辅导员首先告知罗霞：班级评议小组的同学发现其所使用的苹果手机属于高档通信工具，加上其平时的穿着、打扮显示家里并不困难。依据《某职业学院家庭经济困难学生认定办法》第三章认定依据第十一条，有下列行为之一者，不能认定为家庭经济困难学生：

（9）因休学、退学等原因未在学校学习和生活的；

（10）购买并使用高档娱乐电器或通信工具、高档时装或高档化妆品、小车等奢侈品，消费水平明显高于所在学校学生日常平均消费水平的；

（11）未经学校审批私自在校外租房或经常出入营业性网吧等娱乐场所的；

（12）节假日经常外出旅游的；

（13）家庭为购（建）房、购车、投资等欠下债务的；

（14）隐瞒家庭真实收入、财产、职业就业、人口变动等情况，提供虚假证明材料或虚假承诺的；

（15）拒绝配合家庭经济状况调查的；

（16）其他不应认定为家庭经济困难学生的情况。

听了辅导员的评定依据说明，罗霞对认定的结果再没有提出异议，只是解释称：其实家里父母亲都是普通农民，没有什么收入，家里确实不富裕。因为自己考上了大学，姑姑给了5 000元钱作为奖励。进入大学后，发现周围的同学都在使用苹果手机，所以自己也买了一台。

辅导员在了解情况后，对罗霞因为攀比而没有根据自身情况合理消费的行为进行了批评：既然有一定金额奖励，就应该用于大学的学习和生活，而不应该贪图享乐，胡乱花钱。同时希望罗霞树立正确的消费理念，将精力转移到学习上。此外，辅导员还针对罗霞的情况，讲解了其他的资助政策，比如勤工助学等，希望罗霞能积极申请，通过勤工助学或者兼职等形式，减轻家里负担。

2017年4月28日，据其他班级辅导员反馈：在五一节假前教学检查中，发现罗霞代人上课，被任课教师当场抓住，罗霞如实交代了代人上课的情况。罗霞称：由于之前在一个代取快递群中，发现帮人取快递、上课，都可以赚到一定的费用，于是有了代人上课赚钱的念头。虽然辅导员在之前的班会中对此有所强调，但是想着是合班课，人数较多，也不会被发现，所以就决定帮人上课。

辅导员在了解情况后，首先对罗霞不遵守校纪校规，代人上课的行为进行了严肃的批评教育，告诉其根据《某职业学院学生手册》第三章违纪行为与纪律处分第十二条，组织、参与、发布代课（代考、代写作业等）扰乱学校教育教学秩序、损害校风学风行为者，视其情节轻重，给予记过直至开除学籍处分。同时，辅导员电话联系了其父母，如实告知了罗霞在校期间的表现，也希望其父母对罗霞进行批评教育。罗霞在知道自己即将受到处分后，后悔不已，承诺以后再也不替人上课，严格遵守学校规章制度，争取早日解除处分。

事后，辅导员与罗霞就兼职的问题再次进行了深入的交流，希望罗霞能够通过正当的途径进行兼职，做到自立自强。同时，如果家庭经济确实困难，可以根据家庭真实情况，在下一学年中，再次申请家庭经济困难认定。

三、总结与启示

在家庭经济困难的学生中，因为虚荣心的问题，出现了不当兼职、网贷等情况。归根到底，还是跟学生的消费观、享乐观有关。因此，做好家庭经济困难学生的思想政治教育工作，引导学生自立自强，并树立正确的消费观尤其重要。

案例7 家庭经济困难学生压力问题处理

一、案例情况

不是每一个孩子都能被父母温柔以待。我们来到这个世界上，如果没有依靠，就要自己强大，才能越走越好。坚强的孩子，总会被命运眷顾。

邢星（化名）是2017级的学生，她一到校就很积极地参与班级事务，还告诉辅导员自己暑假打工赚了一万多块钱，攒起了自己的学费、生活费。这个个子小小的女孩，让辅导员刮目相看，辅导员也放心地把班级事务交给她处理。

2017年10月的一天，她突然找到辅导员，问辅导员是否有时间和她聊聊。辅导员从没见过她如此无助的眼神。辅导员关心地问她有什么需要辅导员帮助。她说自己很矛盾，想退学去广州打工赚钱，又想继续读书，又想回家照顾母亲和父亲。自己压力特别大，感觉特别累。原来她母亲总是三天两头打电话给她，说自己又感冒了、又心情不好了等充满负能量的话，还爱哭，总是在寻求她的安慰。父亲则总是打电话给她，说自己生意又亏了、又喝醉了等让她颇感压抑的话。她觉得自己又要安慰母亲又要安慰父亲，太累了。

邢星的母亲没有上过学，父亲也只是略识几个字，年轻时两人谈恋爱，遭到家里人反对后私奔到新疆帮别人种地，而后生下了她哥哥和她。邢星小的时候，她父亲外出做包工头，赚了些钱，买了一套房子，一家人才算有了安定的家。随着时间的推移，她父亲逐渐不再回家，后来和其他女人搞在了一起，又因为生意亏损，将家里的房子卖了。邢星的母亲和她哥哥、她三人只能另租了房子居住，她母亲靠给别人种地养活他们。母亲精神抑郁，常常用赌博来发泄自己的情绪，入不敷出的生活让他们租住的房子开始变成没有窗户的地下室。父亲淡出了他们的生活，她们只听说父亲不断寻找机会东山再起，屡次不成功后，逐渐开始酗酒。

邢星的哥哥在初中未毕业时就辍学了，而后不再回家，她们不知道他在干什么、住在哪里，其后两次因为抢劫入狱。邢星的妈妈精神状态时好时坏，好的时候就去打工，坏的时候就赌博，然后回家在邢星身上发泄情绪，有时骂她是祸根，是她让她爸爸离开了这个家，是她让她哥哥外出闯祸；有时是连骂带打，让她痛苦不堪。她清晰地记得，一次母亲掐着她的脖子边骂她边说要掐死她，她弱小的身躯无力地挣扎着。母亲还曾试图自杀，几次未遂。她自小就觉得自己身上罪孽深重，一切的痛苦都是自己造成的，她拼命讨好母亲，小小年纪就承担起家里的家务，放假就打工赚钱补贴家用。

尽管如此，她母亲仍然经常打骂她，而且试图阻止她上学，说就是她上学造成今天这样痛苦的生活。邢星默默地承受着一切，她从不跟母亲辩解。读书是唯一给她精神力量的东西。她做梦都想将来离开家里，而读书是最好的途径，她想不出除了读书还能通过什么方法走出去。

后来，邢星的父亲和邢星取得了联系，但交流并不多。

在她高考后的那个暑假，母亲因为一个手术住院，邢星一边打工赚钱一边照顾母亲，她说自己要读大学。母亲突然不再反对她读书，反而觉得有个大学生女儿挺值得骄傲的。而邢星的哥哥出狱了，没有去照顾母亲，只看了她一次，而后不再出现。他从来不告诉她们他住在哪里、在干什么。

看起来邢星即将苦尽甘来了。

进入大学校园的第一个月，邢星的父母打电话给她，都是询问大学怎么样，可是到了第二个月，母亲似乎精神状态逐渐恶化，开始哭哭啼啼地寻求安慰，父亲也开始在酗酒后打电话给她诉苦。她担心母亲再次自杀、担心父亲醉酒后发生意外，想回家去照顾她们，又希望远赴广州打工赚钱，改变父母生存的环境，同时，也不愿放弃读书的机会，想要用知识武装头脑。

在如此复杂的成长环境之下，眼前的邢星还能积极上进，承担起照顾父母的责任，真让人敬佩。

辅导员给她分析了其父母的情况，认为其实不仅仅是经济原因，建议她和父母好好沟通一下，让母亲接受专业治疗，劝诫父亲不要酗酒，爱惜身体，如果做生意总是失败，可以先找一份稳定的工作，边赚钱边反思一下生意失败的原因。建议她珍惜现在的学习机会，从长远考虑。她读书的经济困难，可以通过助学金、奖学金、临时补助、勤工助学等方法解决。辅导员也知道，她的家庭过于复杂，辅导员只能给出一些建议。辅导员让她想想，是否有可以委托照顾父母的人，是否有更妥善的处理方法。不要急于做出决定，毕竟这会影响到她的人生走向。

辅导员试图联系她的父母，发现根本听不懂他们的语言，而她的父母都不怎么识字，短信交流也不行。辅导员只有请邢星有任何想法第一时间联系辅导员，有任何需要辅导员帮助的地方也直接告诉辅导员。

两天后，邢星来找辅导员，说自己想好了，也和父母再次沟通了，暂时没有问题了。母亲也答应接受正规治疗，父亲也有了新的想法和方向，她还是安心在校读书。辅导员询问了她目前的生活费状况，虽然有助学金，但确实难以支撑她的生活，于是写了情况说明，为她申请临时补助。她自己也在校外找了一份兼职，利用课余时间赚钱。

2018年1月，寒假到来了，邢星没有回家。为了节约路费和时间，她在放假前就找了一份寒假工，一放假就开始忙碌地工作。辅导员嘱咐她注意安全，并给了她一些工作和生活上的建议，保存了她工作单位的信息，和她一直保持着沟通，确保她的人身安全。

2018年7月，暑假到来，邢星回家看望了母亲后，就返回重庆开始打暑假工，为下一学年的学费、生活费努力工作。9月，考虑到她的特殊情况，在评定助学金时，辅导员给班级评议小组成员说明了她的特殊情况，建议他们考虑实际情况评定，最后给她评定了一等助学金。

后面的每个寒假、暑假，邢星都奔波在打工的道路上，从来不叫苦叫累。对于她来说，只要能做事，就是幸福的。她的母亲通过治疗，又看到女儿这么优秀，病情逐渐好转。她的父亲也受到影响，开始变得积极乐观起来。

在 2019 年暑假，邢星开始学习婚礼主持，并很快开始接单。2020 年 6 月毕业后，她开始从事婚礼主持人这一职业。她已经蜕变得更加强大。辅导员相信，在往后的生活中，也没有什么可以击垮她。

二、解决措施

（1）邢星突然希望与辅导员谈话，让辅导员感觉反常，于是辅导员关心地问她有什么需要帮助。

（2）在了解她如此复杂的成长环境，还需承担起照顾父母的责任后，辅导员给她分析了父母的情况，以及读书的经济困难问题，提出了建议，并联系了她的父母。

（3）由于她目前生活状况并不好，因此为她申请了临时补助。

（4）2018 年 1 月，寒假到来了，邢星找了一份寒假工。辅导员嘱咐她注意安全，并给了她一些工作和生活上的建议，保存了她工作单位的信息，并和她一直保持着沟通，确保她的人身安全。

（5）2018 年 9 月，考虑到她的特殊情况，在评定助学金时，辅导员给班级评议小组成员说明了她的特殊情况，建议他们考虑实际情况评定，最后给她评定了一等助学金。

三、总结与启示

没有人可以决定自己的出身，但是可以决定自己的未来，在困难中成长，在经历中蜕变，铸就强大的自己。辅导员在工作中，多给学生一点希望和爱，可以支撑他们走很远。

案例 8　孤儿学生问题处理

一、案例情况

王莹（化名），女，财经学院财务专业 A1901 班学生，共青团员。

王莹刚出生便成了弃婴，由养父养母收养。但不幸的生活并没有就此改变，2016年，她的养父不幸因车祸去世，从那时起生活开销只能靠养母独自一人在农村务农支撑。由于养母年迈多病，家中收入微薄，生活可以说是捉襟见肘。虽然家境并不富裕，但她从未因自己的遭遇而感到自卑，时刻保持乐观向上的心态，自信自强。在家中，她经常帮助母亲做力所能及的家务活。到重庆念大学以后，她不仅在校内担任辅导员助理勤工助学，还利用空余时间在校外培训机构兼职等来赚取自己大学期间的学费、生活费以及补贴家用。

二、解决措施

辅导员了解王莹的情况后，根据学校现有资助政策，努力为王莹同学争取资助金，帮助其渡过难关；主动找该同学谈心谈话，引导王莹利用课余时间进行兼职以减轻家庭负担，补贴生活费用，鼓励她不怕苦不怕累，树立生活的信心，凭借勤劳和乐观的生活态度，一定能创造更美好的明天。

该生在校期间严格遵守学校各项规章制度，曾担任班级班长，对待工作认真负责，有较强的组织能力与团队精神，同时待人真诚，善于沟通，乐观上进，并且取得了优异成绩。同时，该生为减轻家庭负担，利用自己的课余时间在校内勤工助学以及在校外兼职等赚取自己大学期间的学费和生活费。该生积极上进、自强不息，在同学中起到了模范带头作用。

王莹大一入校便积极提交入党申请书，参加了学校第58期党的基本知识培训班。在党校学习期间，该生积极参加党校组织的各种活动，荣获红色家书朗诵比赛二等奖等一系列荣誉。同时该生在党校学习期间综合表现良好，被评为"优秀学员"。

背负着辅导员和同学们的信任，王莹始终如一地坚守着自己"为人谦虚谨慎，做事认真负责"的处事原则，"别人和我比父母，我和别人比明天"这句话一直激励着她奋斗。她不敢停止脚步，她要用未来证明自己。家庭贫穷，虽然让她的成长之路充满磨难与艰辛，但同时也让她更加坚强，她微笑着面对生活中的艰难困苦。她说："我要坚强地活着，我要实现自己的梦想，过好我的大学生活，过好我的人生。"

三、总结与启示

"天将降大任于斯人也，必先苦其心志，劳其筋骨。"自立自强，虽然只有简简单单的四个字，但真正做起来的时候，并不是那么容易。一个人只有具备自立自强的品质，奋斗不止，自强不息，才能获得成功。

第五节 学生心理管理案例

案例 1 重组家庭学生心理问题处理

一、案例情况

黄涛（化名），男，汉族，工商管理学院国际贸易专业 A1608 班学生。

黄涛同学是一个胖胖的小伙子，个子不高，2016 年通过单招考试进入某职业学院财经学院会计专业学习。和黄涛同学的第一次深入接触是新生体检，发现黄涛同学肝功能异常，学校卫生科通知辅导员，需要学生到重庆医科大学大学城医院进行复查。2016 年 9 月 18 日，辅导员通知黄涛同学到教学楼 B503 办公室签假条，到医院进行肝功能详细检查。黄涛同学走进办公室的一瞬间，就给辅导员留下了比较特别的印象：黄黄的头发，走路的步子迈得比较小，走起路来能够听到鞋子和地板摩擦的声音，说话的语速快，但是声音比较小。在和黄涛同学聊起未来的规划时，该同学感觉到迷茫和明显的不自信，对自己的未来发展缺少规划。

在对学生家长进行电话回访时，辅导员通过和黄涛的妈妈沟通了解到，该同学 5 岁的时候，父亲因为交通意外离世，妈妈重新组建了家庭，继父对黄涛同学很好，很关心其日常的学习和生活。妈妈是一个性子比较急的人，在日常生活中，黄涛同学和妈妈、继父之间缺少有效的沟通，经常因为一些琐事吵架。家长反馈黄涛同学在学习和生活中缺少自信，目标感不强，比较叛逆。黄涛同学比较喜欢睡懒觉，是个起床困难户，学校早上第一节课上课时间为 8：30，该生经常会出现迟到甚至旷课的情况。大一上学期半期过后，黄涛同学的迟到现象开始变得频繁，根据考勤数据，黄涛已累计 5 次迟到、3 次旷课。

二、解决措施

为了帮助该同学减少迟到、旷课等违纪问题，辅导员积极对黄涛同学进行教育引导，讲解清楚学校关于旷课的处分规定，同时在班级里建立一对一帮扶制度，在寝室里安排寝室长也是班长王龙（化名）每天负责把黄涛同学叫醒，监督其按时到课堂上课。通过有效的帮助，黄涛同学早课迟到现象有了很大的改善。

大一下学期，黄涛同学开始出现晚归、夜不归寝现象。学校晚上关门时间为22：30，22：30—23：59返回寝室，记为晚归，超过24：00，记为夜不归寝。3次晚归记录为一次夜不归寝。按照学校的管理规定，学生当晚如果夜不归寝，宿管老师会给辅导员发送一条短信，告知学生夜不归寝违纪情况，需要辅导员核实后及时和学生及其家长联系，及时了解学生去向。2017年3月16日，辅导员收到宿管老师发来的短信：黄涛同学没有在寝室，夜不归寝。收到短信的第一时间，辅导员给黄涛寝室室长、班长王龙打电话，确认该同学是否在寝室。在了解到黄涛未在寝室后，辅导员电话里对班长进行了严肃的批评教育：作为班长，有责任对班级同学的违纪行为进行劝阻，对于黄涛夜不归寝的违纪情况应该第一时间报告辅导员，而不是等宿管老师反馈后再反馈，同时对寝室同学包庇违纪同学的行为进行了批评。3月16日24：00之后，辅导员继续电话联系黄涛同学，拨打了3次电话均无人接听。辅导员请家长协助帮忙寻找黄涛，黄涛的妈妈反馈该同学并未回家，已经一周没有和家里联系了。辅导员通过QQ、短信留言，间隔一段时间拨打学生的电话。在漫长的一个小时等待后，黄涛终于回了电话，给辅导员发了一个定位，显示其在沙坪坝区一个酒吧里。辅导员请该生晚上一定要注意安全，并约定其第二天10：00到辅导员办公室来一趟。

第二天到了约定的时间，黄涛同学并未出现，辅导员拨打其电话却已关机。辅导员通过QQ留言，约定其14：30到办公室。到了14：30，黄涛出现在了办公室，承认了自己所犯的错误，夜不归寝、未按规定时间到办公室报到，也解释了上午因为手机没有电，所以睡过了，事后害怕辅导员批评，也不敢回电话，看到QQ留言消息后，只好硬着头皮过来到办公室接受辅导员的批评。黄涛告诉辅导员，其家长一周给200元的生活费，本周因为一些小问题，在电话里跟妈妈吵了架，不想回家，但是又担心没有生活费，于是在朋友的介绍下找到了一份在酒吧做钟点工的兼职，工资按小时计算，一个小时25元，算下来一个晚上能挣到150元左右，但需要上夜班，晚上不能按时返回寝室，就在朋友家挤了一个晚上。

在详细了解事情经过以后，辅导员对黄涛讲，辅导员并不反对学生做兼职，但是做兼职应该在协调学校的学习时间、不违反校规校纪的前提下，利用空闲时间做兼职。辅导员很欣赏他肯吃苦，愿意做兼职来锻炼自己的精神。但同时也应该深刻认识到自己的错误，夜不归寝违纪属实，不假未归属实，让黄涛同学填写《财经学院公寓违纪处理单》，同时认真写一份检讨，详细写清楚事情的经过，并给予黄涛同学红牌警告。对于酒吧兼职的问题，辅导员认为，虽然给的报酬很丰厚，但是因为时常需要在晚上上班，而且需要上到 2：00，打乱了正常的生物钟，对学生身体有伤害，同时也扰乱了学校正常的教学秩序，存在较大的安全隐患，建议学生重新寻找一份兼职。同时辅导员引导学生：取得收入是我们参加兼职非常重要的一个原因，但是不应该是最重要的原因。我们寻找兼职是为了提升自己的实践能力，提升自己的综合能力。对于生活费的问题，辅导员这边可以和家长沟通，反馈一些黄涛的合理诉求。辅导员在和其家长的电话沟通中，讲述了学生违纪的经过和学校的处理意见，希望家长配合学校做好学生教育管理工作，多和学生进行有效的沟通，多倾听孩子内心的声音，多了解孩子，适当满足黄涛同学的合理要求。经过这个事情之后，黄涛的妈妈答应每个月适当给黄涛增加生活费，黄涛也放弃了去酒吧兼职，而是利用课余时间在大学城熙街寻找合适的兼职，不再出现夜不归寝的违纪行为。

三、总结与启示

（一）尊重接纳、真诚信任学生

辅导员在与学生谈心时，特别是面对特殊群体时，应充分尊重学生，无条件接纳学生，无论是积极的还是消极的、正面的还是负面的、辅导员本人是否喜欢或认同，在谈话过程中都应该始终保持价值中立、态度真诚，不带有道德评判和个人评价，只有这样才能建立起双方的信任关系，真正走进学生内心，从而更好地帮助学生。

（二）积极关注特殊群体心理状态

在单亲家庭成长起来的学生，容易缺乏安全感，产生抑郁、焦虑和痛苦等不良情绪，如果没有得到及时的有效关注、干预，容易引发危机事件。因此，辅导员应通过日常观察、心理普查、聊天访谈等方式尽可能了解学生的情况，积极关注，及时跟踪，帮助缓解他们的心理压力，在发现他们陷入困境时，有针对性地实施心理辅导，提供帮助。

第六节　学生职业生涯规划管理案例

案例1　单招学生职业生涯规划指导

一、案例情况

王逸（化名），女，汉族，财经学院会计专业A1703班学生。

王逸同学出生在重庆北碚，家庭环境比较优越，使得该同学养成了一些不好的习惯，例如说话不太注意方式，不太会换位思考问题。该同学通过单招进入某职业学院财经学院会计专业就读。刚入学的时候，该同学很迷茫，没有目标，不明确自己努力的方向。军训的时候，在新班辅导员的鼓励下，王逸同学鼓起勇气担任了班级的临时负责人。军训结束后，通过自己竞选担任了班长。

2018年12月，王逸同学通过QQ向辅导员反馈，感觉自己最近一段时间没有精神，上课注意力不集中，学生会的活动也不太想参加，感觉到班级里的同学不配合工作，在班级里发通知也没有多少人回复，有活动需要同学参加也没有几个人报名，而且在选择专衔本和专升本的问题上，家庭内部也存在分歧，感觉自己最近很痛苦，很迷茫。辅导员认为，其实这些问题的出现，主要是因为王逸同学对自己的职业生涯没有一个明确的规划，缺乏明确的目标和方向，无法落实到具体的行动上。

二、解决措施

听了王逸同学的倾诉，辅导员请王逸先下去填写几个职业生涯规划的量表：《MBTI职业性格测试量表》《霍兰德职业兴趣测试量表》《职业价值观测试量表》等量表，要求她认真填写量表。学生通过填写个人基本情况、职业兴趣、职业能力及适应性、个人特质、职业价值观、胜任能力等步骤，能够真正地认识自己。辅导员通过对王逸量表结果的分析，发现王逸对于教师行业非常感兴趣，她自己的目标也正是成为一名教师。

于是，结合王逸的实际情况，辅导员给王逸提了几点建议：

（1）在大一期间，在担任班长锻炼自己的同时，进入学生会做干事，多学习一些办公软件、策划书等基本本领，通过在辅导员办公室担任助理，学习一些基本的办公技能、待人处事礼仪等，沉下心来踏踏实实做事情，要学会吃苦。

（2）通过大一一年的积累和沉淀，在大二的时候努力竞选学生会干部。如果能够担任学生会干部，可以锻炼自己的组织、协调、管理能力。要团结好同部门以及其他部门的学生会干部，积极融入集体，创造机会开展一些学生活动，增加自己锻炼的机会。通过在学生会的锻炼，可以提高语言表达能力，让自己在很多人的场合发言也能镇定自若。同时也需要强化对专业知识的学习，争取能拿到奖学金，为大三专升本考试做好准备。

（3）在大一、大二已经得到充分锻炼的基础上，在大三的时候全力冲刺专升本考试。

在深入沟通之后，王逸同学把辅导员说的话记在了脑海中，加入了财经学院学生会办公室担任干事，积极参加各种活动，参加财经学院"党风团韵财经情"素质教育汇报表演主题晚会节目彩排，同时在辅导员办公室担任值班助理，每周在办公室值班2次。在值班过程中，该同学从来不迟到，对于辅导员交代的任务也能认真按时完成，深受辅导员喜爱。进入到大二，该同学经过自己的努力，参加学生会换届选举，通过笔试、面试、试用期考察，最终成了财经学院学生会办公室主任。在担任办公室主任期间，王逸同学认真负责，努力做好自己的办公室本职工作，负责学生会物资采购、物资管理、大型活动会场布置等工作、日常会议记录、办公室值班安排等，工作兢兢业业，非常好地完成了辅导员交办的各项任务。作为学姐，王逸同学积极带领部门大一的学弟、学妹们一起进步，办公室被评为"2018年度优秀部门"，王逸本人也获得了"优秀学生干部"称号。

三、总结与启示

职业生涯指一个人依据心中的长期目标所形成的一系列工作选择，包括相关的教育或培训活动（提升和完善自己以适应职业的要求），是有计划的职业发展历程。职业生涯规划，也称职业生涯设计，是指一个人对其一生职业发展道路的设想和规划，包括如何在一个职业领域中得到发展、打算取得什么样的成就等问题。辅导员在学生日常教育管理过程中，要强化对学生职业生涯规划的引导，从学生的实际情况出发，有针对性地为学生未来的发展出谋划策，开展个性化职业生涯规划，指导，帮助学生成长成才。

案例 2　性格内向学生职业生涯规划指导

一、案例情况

潘红红（化名），女，汉族，财经学院农村金融专业 A1701 班学生。2017 年 10 月，辅导员担任农村金融专业 A1701 班大学生职业生涯规划课任课教师。在上第一节课时，辅导员随机按学号抽学生上台做自我介绍，潘红红同学凑巧被抽到。刚刚点名抽到她的时候，潘红红把头埋得特别低，生怕别人认出她来。辅导员呼叫了几次"请 28 号上台"，她才慢慢地迈开步子走上讲台。在讲台上，辅导员允许她酝酿两分钟再开始介绍。辅导员留意观察了一下：在这两分钟里，她一直低着头，手指不停地拉扯着自己的衣服，偶尔摸一下自己的手。这些肢体语言告诉辅导员，潘红红同学非常紧张，很不自信，有些不善于表达自己。两分钟很快过去了，潘红红的自己我介绍就只有短短的两句话："我叫潘红红，农村金融专业 A1701 班学生。"为了照顾这个学生的情绪，辅导员同意她结束了自己的自我介绍，回到了座位上。

二、解决措施

在上第一节课的过程中，辅导员跟同学们分享了金融专业 A1402 班谭谊（化名）学姐的成长故事。

谭谊是财经学院金融专业 A1402 班学生，中共预备党员，获得了 2015年国家励志奖学金、校级一等奖学金、校级三好学生、"十佳优秀学生干部"荣誉称号。现就职于中国人寿保险股份有限公司重庆分公司，担任小组经理。在工作中，她严于律己，宽以待人，踏踏实实做好每一件事情，与领导、下属建立了和谐的工作环境。她之所以能在工作中如鱼得水，她表示非常感谢学校的教育、辅导员的教导和她自己的努力，没有荒废大学时光，没有虚度人生中最难得的青春。

下课以后，辅导员留下了自己的 QQ 联系方式，请同学们有学习、生活方面的困惑或者疑问可以随时咨询。20：00，潘红红同学申请添加辅导员为好友，备注的信息是"上午被抽到做自我介绍的学生"，辅导员同意了好友申请后，潘红红同学发过来的第一句话让辅导员印象特别深刻："辅导员好，请问你记得我吗？我是今天上课被你抽到做自我介绍的学生。"辅导员回复道："孩子，老师记得你，你叫潘红红。"潘红红感觉很意外，第一次上课辅导员就能记住她的名字。在聊天的过程中，她告诉辅导员很多她在成长中遇到的困惑，目前最主要的问题是感觉自己胆子特别小，人多的时候不敢大声说话，感觉自己不太合群，不太愿意和别人多交流。辅导员建议潘红红同学尝试加入学生会，一方面可以跟着学长、学姐学习实践方面的知识，另一方面可以和更多的朋友接触，可以锻炼自己的人际沟通能力，在学生会环境的熏陶下，可以让自己发生潜移默化的改变，同时要强化自己的专业课程学习，要对自己的人生好好进行规划。

辅导员说的话，潘红红同学记在了心里。2017 年 10 月底，潘红红加入财经学院学生会宣传部，担任宣传部干事。在上课的过程中，辅导员经常有意无意地抽潘红红同学起来回答问题，她从最开始只会说一两句话，到后面逐渐能够比较顺畅地表达。第一学期的课程结束后，潘红红同学期末考试考了 90 分，感觉人也开朗和自信了一些，慢慢地成长起来。潘红红同学是家庭经济困难学生，2017—2018 学年第二学期，她应聘财经学院勤工助学岗位，担任就业工作学生助理，协助毕业班辅导员录入毕业生就业协议、审核就业材料等工作。在 2018 年 6 月，她和组织部的一名同学一起在 B503 办公室录就业协议。刚刚接触这个工作，她们其实有许多不懂的地方，对办公系统不熟悉，对操作流程和一些注意事项还不太了解，在打字的时候粗心大意，经常录错学姐、学长的信息，甚至有的错误还比较大。有时辅导员为此非常生气，但是想到潘红红同学能够坚持到办公室担任助理，这个对于她来说已经是个很大的进步，她需要多鼓励才行，于是辅导员耐心地指导她们，她们工作得越来越顺手。

2018—2019 学年第一学期，迎来了团总支学生会换届选举的日子。经过潘红红个人申请，经过笔试、PPT 演讲、面试等环节，潘红红同学当上了学生会宣传部部长。财经学院团总支微信公众号每周发布两期团学动态，制作微信的重任就落在了宣传部的头上。在制作微信公众号内容的过程中，潘红红犯了一个非常低级的错误，把学校的名字打错了。一般学生发的稿子，都需要经过辅导员审核后才能对外发布，辅导员在阅读审核的过程中发现了这个问题，于是给潘红红打电话，请她再仔细阅读一遍微信稿子。潘红红同学阅读后，回复说没有发现什么问题。辅导员请她到办公室，问她："我们学校的全称叫什么？"她说出了学校的名字全称。辅导员再拿出手机，点开微信草稿，说道："那请你看看这篇文章里学校的名称写的是什么呢"？潘红红看到了这个错误，顿时觉得很心慌，害怕被批评。辅导员收起手机，看着她说："面对这样的敏感文字的时候，一定要检查清楚。有时自己看不出来，一定要发给其他同学仔细交叉看一遍，确定无误后再发给我审核。开展工作一定要仔细，一定要有核查的过程，今后上班的过程也一定要仔细。"经过这件事情后，潘红红变得非常细心，在日后开展工作时，坚持多核对、多交叉检查，往后的工作中很少再出现类似的错误。

在学生会中担任学生干部，组织策划活动是必修的功课，作为宣传部部长的潘红红同学也不例外。2018—2019 学年第一学期，宣传部和体育部联合举办了"学生干部趣味运动会"。在这个活动前期的策划阶段，潘红红和体育部的同学给辅导员看了活动的策划书，汇报了一下自己的想法。从辅导员的角度讲，一直非常支持学生开展团学活动，因为在开展活动的过程中，学生能够得到较大的锻炼，可以使自己的组织、策划、管理能力得到较大的提高。活动开始之前，辅导员召集此次活动的两个部门一起开了个小会，讨论具体活动的细节和注意事项，告诉她们应该怎样策划这个活动，举办起来才不会那么混乱，才可以圆满结束。因为是一个学院内部的小活动，辅导员充分相信如果按照我们提前商量好的去做，是完全没有问题的。

在活动正式开始的过程中，因为天气的原因，到足球场参加活动的同学并不多，于是潘红红擅自做了决定，提前结束了活动。后来有个别班干部到辅导员这里反映，说此次活动提前结束，班级有同学到了现场后，已经找不到工作人员，同时他们对比赛成绩认定存在疑问，在比赛过程中存在不公平的情况。面对班干部反馈的情况，辅导员请潘红红及其他几个部门的同学到办公室说明情况。几个学生干部简单地汇报了比赛现场的情况。辅导员问了他们 3 个问题。第 1 个问题：比赛是什么时间结束的？第2 个问题：具体参加比赛的组队方式是怎么样的？第 3 个问题：此次趣味运动会的效果如何？潘红红回答："此次比赛组队的方式是班级自由组队。前期宣传效果可能不好，没有多少同学到现场参加比赛，活动效果不理想。比赛结束的时间是 15：00（原计划比赛结束时间是 16：00）。"听到这里，辅导员严肃地批评了几句。潘红红在这个时候就顶撞辅导员，说："此次活动没有策划好，是我一个人的责任，我一个人承担。"辅导员说道："孩子，这不是承担责任的问题。第一，学院同意出钱开展此次活动，目的是希望有更多的同学能够参加到活动中来，能够通过活动提高班级的凝聚力，让学生干部能够形成团结友爱的氛围。在前期的宣传方面，要让活动能够通知到全部班级，要求全部班级必须要组队参加。趣味运动会是一个比较有趣的活动，同学们也应该比较愿意参加。第二，既然已经安排了比赛的时间，没有非常特殊的情况，我们就不能临时结束比赛，以免后面参加的同学到了现场找不到人。第三，既然设置了奖品，设置了比赛规则和积分标注，在现场的比赛中，就一定要公平公正地执行。第四，凡事都要有规则意识，要有汇报意识，不论做什么决定都要提前反馈给上级，这样才可以有时间来解决问题。如果引起不必要的后果，是你们自己不能够解决的。以后走入社会，因为这样的事产生的后果是你们自己承担不了的。"通过辅导员的教育引导，潘红红明白了这件事的严重性。很多时候她会自以为是地做一些事，却很少考虑后果。通过这件事，她开始学着做事要严谨。

在学生会一年的锻炼中，她从一个腼腆的小女孩成长为一个自信、敢于表达的学生干部，付出的辛苦和汗水还是非常值得的。在学生会的一年锻炼经历，对潘红红以后步入社会肯定会有所帮助，在学生会里学到的为人处世、待人接物的方式方法为她以后走上工作岗位打下了坚实的基础。

三、总结与启示

性格内向的学生比较不善于表达自己，虽然他们对身边的人和事有自己的想法，但他们不敢或者不善于去表达，怕自己说错话、做错事，于是他们选择了沉默。对于集体活动，他们或者默默地支持，或者表现出无所谓、逃避或不参加等消极抵抗心理。辅导员能否转化性格内向学生自我封闭的心理倾向，能否引导他们走出自我的小圈圈，走出内向的"小黑屋"，这关系到高职学生的个人健康发展问题，也关系到整个学生大集体的团结和凝聚力问题。辅导员应该从他们的性格特征入手，帮助学生克服性格内向的心理，正确认识自我，发挥自己的优点，大胆地去交际交流，在实践中不断发展自我。

案例3　家庭困难学生职业生涯规划指导

一、案例情况

陈宜（化名），女，汉族，会计专业 A1708 班学习委员。

陈宜的父亲去世前是工厂里的普通工人，母亲无业，家里还有一个80多岁的爷爷共同生活，家里生活比较拮据。父母为了让陈宜不输在起跑线上，每个月拿出一大半的收入，让陈宜从小学习唱歌，希望她将来的人生能绽放光芒。陈宜从小十分乖巧、懂事，各方面成绩都很突出，初中毕业时便以十分优异的成绩被保送到重庆南开中学。

然而，好景不长，陈宜的父亲在陈宜高二暑假期间突然因病离开人世。面对突如其来的噩耗，陈宜进入高三阶段的学习。她将悲伤化作学习的动力，立志要考上一个重点大学。通过自己的不懈努力，终于在音乐专业上考出了优异的成绩，并收到了清华大学、四川大学等重点大学的专业合格通知书。然而高考文化成绩公布后，她被重重一击。因为没有考过重点大学本科文化成绩分数线，陈宜最终无缘本科院校。为了不再加重母亲的负担，陈宜毅然决定放弃复读，选择了专科院校。

经过一年的大学生活，陈宜在学习、生活中感觉并没有达到自己的预想结果。在生活中，由于很少能找到与自己志同道合的同学，平时也是自己一个人早出晚归，陈宜觉得特别的孤独。在学习上，由于急于想要完成的事情太多，想取得好成绩的方面太多，一年下来，虽然付出了不少，但各类成绩并不是很理想，陈宜觉得特别的沮丧。

二、解决措施

辅导员在知道了陈宜的情况后，跟陈宜进行了一次深入的交谈。在交流中，陈宜对父亲的离去、自己高考的失败特别的伤心，觉得自己辜负了父母多年来的付出，也对不起自己高中几年的辛苦付出。上大学后，陈宜就想通过自己的努力，尽快完成在高中没有实现的愿望。辅导员首先对陈宜失去父亲的事深感痛惜，希望她能够坚强起来，化悲伤为动力；其次对陈宜大学三年的短期规划进行了分析，发现三年中她要完成的学业、工作过多且时间过于仓促，能够实施的可能性较低，希望陈宜能正确认识期望与现实之间的差异，根据实际情况进行适当调整，要学会选择，学会舍弃，不能眉毛胡子一把抓，要突出重点，将有限的精力放在最重要的事情上。最后，希望陈宜能够坚持自己的梦想，不要因为一时的失败而丧失信心。

在与辅导员进行沟通后，陈宜及时调整了自己的规划，有侧重点地进行学习、工作。经过不定时地与辅导员进行沟通，在辅导员的指导下，在其他教师的帮助下，陈宜转变思想观念，并没有因为未考入本科院校而放弃自己的梦想。一方面，虽然家里经济实力不能再支持她的特长，但是她仍然不断磨炼基本功，成了重庆市歌剧院外聘歌剧演员，经常参加歌剧表演，并受到好评；另一方面，在学习上，陈宜在刚入学时便确定了学习目标——专业学习上要永争前列，大一上学期通过英语 A 级考试、大一下学期通过英语四级考试，大二上学期考过会计从业资格证书、大二下学期考过会计初级资格证书，并积极准备专升本考试。除此之外，在进入大学后，为了提高自己的综合素质，陈宜积极参加学院的各类学生活动，成了学院学生会的一名干部；为了减轻家庭的负担，除了申请国家助学金以外，还利用周末进行兼职，赚取生活费。

陈宜在大二的时候获得了重庆市专业技能竞赛一等奖，在大三时获得了国家奖学金、考过了英语四级，并顺利通过专升本考试考入本科院校，一步一步靠近了自己的梦想。

三、总结与启示

期望，是学生不断前行的动力。高的期望值，可能会带给学生前行的动力，同时也可能会给学生带来巨大的压力。如果学生不能正确认识自己的期望，进行合理的规划，就无法到达成功的彼岸。作为辅导员，要结合学生实际情况，引导学生丢掉包袱，释放压力，轻装前行。

案例 4　学业困难学生职业生涯规划指导

一、案例情况

张恒（化名），男，汉族，财经学院金融专业 A1604 班学生，性格比较外向。

张恒的父母很早离异，张恒从小便跟着母亲生活。其母亲经营一家美容院，家庭条件比较富裕。张恒从小学习画画，高中毕业时通过了四川美术学院的专业考试，但是由于文化成绩太差，最终通过单招考试考上了高职院校。

2016 年 9 月入学后，张恒虽然能按照辅导员的要求，做到不违规违纪，正常出勤上课，但是学习效果十分不理想，上课时不是玩手机就是睡觉，经常受到任课教师的批评。辅导员也多次对他进行批评提醒，但效果都不明显。2017 年 1 月，辅导员发现张恒经常因身体原因而请病假，且出现了晚归的情况。

二、解决措施

辅导员找到张恒，了解到：高考时他没有考上艺术院校的本科，其母亲在综合分析各方面情况后，最终让张恒选择了金融专业进行学习。但进入大学阶段的学习后，张恒才发现自己对金融专业完全不感兴趣，越学越觉得痛苦。所以张恒有时会约以前学艺术的同学进行倾诉，造成晚归。且又因长期饮食不规律造成胃病复发，经常请病假。对于自己的不当行为，张恒表示非常抱歉。

辅导员在了解情况后，首先对张恒无时间观念、晚归的行为进行了批评教育，然后针对专业的问题，告知张恒：

《某职业学院学分制学籍管理规定》第八章转专业与转学第三十一条学生应当在所录取的专业学习，一般不得转专业。有下列情况之一者，可申请转专业：

（1）学生确有专长，转专业更能发挥其专长的；

（2）学生入学后发现某种疾病或生理缺陷，经学院指定医院检查证明，不能在原专业学习，但尚能在本校其他专业学习的；

（3）学生确有某种特殊困难或非本人原因，不转专业则无法继续学习的；

（4）休学创业或退役后复学的学生，因自身情况需要转专业的；

（5）学校根据社会对人才需求情况的变化或其他因素的变化，经学生同意，必要时可以适当调整学生所学专业。

第三十二条　有下列情形之一者，不得转专业：

（1）入学未满一学期的；

（2）已进入二年级下学期的；

（3）转出和转入高考科类不同（文史类、理工类、艺术类、体育类等）的；

（4）由低录取分数段转入高录取分数段的；

（5）学制不同的；

（6）通过单独招生录取的。

辅导员告诉张恒，如果他确实无法继续学习金融专业，可以根据自身的情况，咨询教务处后，考虑调整专业一事。另外，还希望张恒注意饮食习惯，加强体育锻炼，调理好身体。同时，辅导员就张恒的困扰与其母亲进行了沟通，希望母子二人加强沟通和协商。

经过咨询，张恒因不符合转专业条件，只能继续留在本专业学习，也因个人兴趣原因，其专业课学习十分糟糕，在2016—2017学年第一学期结束时成绩排班级倒数前几名。

2017年3月开学后，辅导员再次与张恒进行了深入的谈话。对于专业的问题，张恒仍然感到十分懊恼，但也不知道如何是好。针对这个问题，辅导员从兴趣的角度给张恒进行了分析，希望张恒辩证地来认识兴趣。一是既然已经无法再改变目前的专业，那就充分利用上课时间，凭借自己的学习能力达到各学科的最低要求。二是除了正常学习的八小时外，要合理利用好自己的课余时间。在学习之余，重新学习自己感兴趣的美术专业，为专科毕业后的选择做好准备。三是制定自己的职业生涯规划目标，并一步一步努力实现。

在后续的学习中，张恒通过与辅导员进行多次交流，找到了自己的学习动力，并利用周末或休息时间参加了美术专业的培训。经过两年多的坚持和努力，张恒通过了金融专业的各科目考试，并在美术专业上取得了一定的成绩。大三毕业后，在家人的支持下，在自己的努力下，张恒最终实现了出国深造的梦想。

三、结论与启示

兴趣是学生学习的一个重要动力，但是由于各种原因，很多学生存在不能按照自己的兴趣选择专业的问题，从而导致学习动力不足，学习效果较差，甚至出现无法完成学业的问题。这时，辅导员需要就兴趣与能力的问题对学生进行正确的引导，帮助学生找到学习动力，协助学生更好地完成学业。

案例5 心理自卑学生职业生涯规划指导

一、案例情况

杨丽（化名），女，汉族，财经学院会计专业A1705班学生。

杨丽的家人都是普通的农民。爷爷、奶奶年迈多病，常年需要药物治疗；母亲患有严重的类风湿性关节炎，无法干重活，只能在家照顾老人和打理家务；弟弟就读于云南大学。一年里，两兄妹的学费、生活费，老人的医药费，全靠父亲在工地务工支撑。杨丽家的经济压力巨大。

由于家庭条件不宽裕，杨丽从小就乖巧懂事，从不乱花家里一分钱。学习上她勤奋刻苦，从小就立志要考上大学，改善家里的经济状况。然而，高考失利，让她没能如愿以偿考入本科院校。虽然心里十分伤心，但她从来没有放弃自己的梦想。她最终选择了某职业学院财经学院会计专业，希望通过专升本的方式实现自己的本科梦。

面对大学的学费、生活费问题，杨丽在高中毕业时，通过班主任了解到了国家生源地助学贷款相关政策，并成功申请到 8 000 元的助学贷款。进入大学后，又通过辅导员对《某职业学院家庭经济困难学生认定办法》《某职业学院国家助学金评定办法》等相关政策的宣讲，了解到了国家出台的相关资助政策，经过书面申请、班级认定评议、二级学院认定、学校认定等程序后，最终获得了国家二等助学金。一系列的资助政策，帮助杨丽解决了很大一部分困难。为了不加重父亲的经济压力，杨丽还利用周末时间去兼职（做家教、发传单、做客服等），赚取基本生活费。

此外，自从进入大学后，杨丽还特别积极向上，主动帮助辅导员处理各类事务，并为班级同学服务。在军训中不怕苦不怕累，以突出的表现获得军训"优秀学员"的称号；为了回报国家、社会给予她的帮助，她加入了青年志愿者协会、"四叶草"社团等，热心地为他人服务，做一些自己力所能及的事情。在学业上，杨丽从来没有忘记自己的梦想。除了课堂学习外，她一有时间就到图书馆阅览图书，不断提高自己。

经过一年的刻苦学习，杨丽在 2017—2018 学年取得了学习成绩班级第一、综合排名班级第三的好成绩。但遗憾的是，在 2017—2018 学年第二学期，她有一门公共选修课，因为考试提交失误造成不合格。

在 2018—2019 学年第一学期的国家励志奖学金评选中，根据《某职业学院国家励志奖学金评审管理办法》第三章奖励标准与申请条件第七条申请条件（七）努力学习，刻苦钻研，在校期间学习成绩优秀，无补考，无重修科目，公共选修课合格（已修满规定学分之外的公共选修课除外），杨丽因为公共选修课的问题，不符合申请条件，无法参加国家励志奖学金的评定，她伤心地跑到辅导员办公室大哭起来。

二、解决措施

辅导员首先对杨丽进行了安抚，静静地倾听她的述说，待杨丽情绪稳定后，才与杨丽进行沟通。在杨丽哭诉的过程中，辅导员发现：虽然根据杨丽的家庭经济情况可以申请到助学金，在一定程度上可以帮助杨丽缓解经济压力，但是对于她来说，获得国家励志奖学金不只是物质上的奖励，更是精神上的一种激励，是对自己辛苦付出的肯定。所以自从进入大学后，她勤奋学习、自立自强，在德、智、体、美、劳等方面不断提升自己，努力朝着国家励志奖学金方向奋斗。经过一年的辛苦付出，却因网络公共选修课提交的问题，造成公共选修课不合格，被取消国家励志奖学金评定资格，她觉得十分委屈，一时无法接受这样的结果。

对于这个结果，辅导员首先表示惋惜，也表示很能体会到她目前的心情，然后与杨丽一起查找了导致失误的原因，希望她能吸取本次事件的教训，不再犯类似的低级错误；接着，辅导员从职业生涯规划的角度，给杨丽分析了在面对不可控事件或偶然事件时，如何去调整和面对；此外，辅导员还从价值标准的层面，对杨丽进行了引导，希望杨丽能正确认识自己、肯定自我；最后，辅导员希望杨丽能及时调整心态，重新树立学习目标，并为之努力奋斗。

在与辅导员谈话后，杨丽心中的失落感明显缓解了不少，也对自己的失态表示歉意。在后续的学习中，杨丽很快调整了心态，将精力放回了学习上。又通过一年的勤奋学习，她顺利考过了英语四级、计算机一级并通过了会计职业初级资格考试，学习成绩也一直名列班级前茅。由于她的突出表现，被评为 2018 年度"优秀共青团员"、财经学院"优秀班干部"等。

在 2019—2020 学年第一学期，根据《某职业学院国家励志奖学金评审管理办法》相关规定及评审程序，杨丽最终获得了 2019 年度的国家励志奖学金。在 2019—2020 学年第二学期，通过专升本考试，杨丽考入了重庆理工大学，实现了她的本科梦。

三、结论与启示

家庭经济困难的学生大部分都能自立自强，但部分学生内心深处往往比较脆弱，有的甚至存在自卑的情况。在遇到偶然事件时，有的学生不知道如何调整，甚至无法接受突如其来的结果。此时，辅导员的及时介入，有利于帮助学生走出困境。

案例 6　少数民族学生生涯规划指导

一、案例情况

李新（化名）是一名民政助学工程资助的少数民族学生，2017 年进入学校学习。因为他的情况特殊，一进校，辅导员就格外关注到他，找到他了解他的详细情况，以期能给他提供合理的帮助。李新的汉语表达能力有限，不能很清楚地说明自己的详细情况，也因为与辅导员还不够熟悉，或者考虑到自己的隐私等原因，不愿说太多，只是说自己现在的监护人是其堂哥，而他的堂哥，听不懂汉语，也不认识汉字。出于对李新的尊重，辅导员没有再询问更多，只是告诉他有任何问题可以随时联系辅导员，同时多和班级同学交流沟通，有空多出去走走，了解一下这个城市，熟悉一下周围的环境。辅导员同时安排班委关注他的情况，让班委有意多和他沟通，帮助他早日融入班级。

进校后，李新没有出现新生不适的情况，遵守校纪校规，按时上下课，属于那种不需要辅导员操心的学生，要不是他的情况特殊，辅导员几乎都要把他从辅导员的重点关注名单中删除了。按照辅导员的工作安排，辅导员会每周寻找课间或者休息时间和他聊一次天，了解他的近期学习与生活情况等。尽管辅导员想了很多办法，但每次的聊天他都几乎是辅导员问几句，他答几个字或者点个头，不管谈论什么话题，他都几乎没有兴趣也不愿多说。一开始辅导员热切地想帮助他成长，但想走进他内心的热情被一次次浇灭。辅导员只有不断提醒自己：慢慢就好了，再耐心一点。辅导员自我安慰着：即使走不进他的内心，他也可以学到知识，顺利毕业，回去后找到一份不错的工作。

一年后一个周六的 1：00 过，宿管值班老师给辅导员打电话说李新酒后与人打架。班委告诉辅导员事情已经平息，李新回宿舍睡觉了，对方也回寝室了。了解到李新没有受伤，辅导员便让他继续休息。第二天一早，辅导员到校想找李新了解情况，一直打电话都无人接听，于是打电话给李新同宿舍同学，了解到李新还在睡觉。考虑到他头天晚上醉酒了，辅导员让同学告诉他，辅导员在办公室等他，请他睡醒了赶紧过去。一直等到近 11：00，李新终于到了办公室，还是睡眼惺忪的样子。辅导员询问他是否受伤了，他摇摇头。辅导员询问他头天晚上的事情，他无法描述清楚，说自己记不得了。辅导员只能找到头天晚上和他一起的同学，了解到了整件事情：李新喝酒后回到宿舍门口时，听到前面有几个同学说："你看后面那个人，肯定喝醉了。"他激动地冲到前面去质问对方，双方为此起了争执，进而产生了肢体冲突。在宿管生活老师和同学的调解下，双方表示事情到此结束，一前一后往宿舍走去。但在二楼拐角处，对方的一句脏话侮辱了李新的父母，李新一下又激动起来，一拳打了过去，双方又发生了肢体冲突。后经同学、宿管老师拉架，双方散开各自回宿舍。李新回宿舍后情绪依然激动，为对方侮辱了自己的父母大哭不止，后因醉酒渐渐睡着了。

父母在李新心里是不可触及的底线。所有的同学都不了解他父母的情况，李新从不向任何人说起他们。这个孩子，内心的伤关闭了他的心门，他从不向外袒露自己的痛苦，也从不愿有人走进他的内心。

辅导员向二级学院主管书记汇报了此事，也将李新的特殊情况做了详细汇报。辅导员试图联系到他的监护人——他的堂哥，但对方确实听不懂汉语，发过去的信息也没有得到回复。

按照校规校纪，李新的行为是要被给予处分的。可是考虑他的情况特殊，二级学院的主管书记和辅导员都积极努力安抚他，给他讲清道理，提醒他遇到事情一定要冷静，要寻求帮助，不要冲动行事。提醒他喝酒要小酌怡情，不能喝醉。他第一次说了"谢谢老师"。看到他眼里燃起的感激之情，辅导员内心很满足。辅导员想，这个孩子终于开始打开心扉了。

但这之后，他并没有继续敞开心扉，辅导员的每一次关心和询问，得到的都是如以前一样的敷衍地点头或摇头，没有有效的语言表述。辅导员从同学和班委那里了解到的情况也是他从不说起自己的家庭，即使是他最好的朋友，对他的家庭情况也不了解。

半年过去后，在一个周五的晚上，李新再次醉酒后与其他院系同学发生争执，还首先出手打人，将对方打伤了。辅导员第一时间将伤者送往医院治疗。这一次，仅仅是对方开门叫他们不要这么吵，发生争执后，他就出手打人了。这一次，学校考虑到他的经济情况，为他争取了报销医药费，但按照校纪校规，对他给予了留校察看处分。辅导员严肃地批评教育了他。他一言不发，对处理结果也没有异议。辅导员要求他必须联系到自己的监护人，辅导员要将情况如实告知其监护人。他提供的电话号码还是之前入校登记的号码，但对方无法听懂汉语，看不懂汉字。辅导员向二级学院主管书记汇报了这一情况，并且还向李新的监护人发送了李新这次醉酒打人的事情经过和学校的处理情况。

辅导员要求李新每周主动来找辅导员汇报一次自己的情况，包括学习和生活情况，其中必须包含是否饮酒的情况。可是他从来不按照约定的时间来找辅导员，而且辅导员主动找到他，他也永远是沉默多于语言。

三个月过后，他再一次醉酒打架。这一次是在校外，警察直接将他送进医院包扎伤口后带到了派出所。辅导员在派出所外等了他一天，都没有见到人和得到最新消息。辅导员的心情很糟糕，辅导员在反思自己对他是不够严格，还是不够关爱，同时也有教育无效的无力感。

最后，警方考虑到李新是学生，将他交回学校处理。辅导员也终于联系到了他的另一个表哥，这个表哥会汉语。他的表哥来到学校商量此事的处理。辅导员也终于在他表哥这里了解到，李新12岁时，父母因情感纠葛，相继以极端的方式离世。自此，他的监护人变成了他的堂哥。他的堂哥没上过学，早已成家，整天为生计奔波，基本不管他。他经常住的地方是他外婆家，但他外婆已经80多岁了，身体也不好，基本也无法照顾到他。

最后，因各种原因，学校让李新自行休学回家反思休整。

一个人少年时期的伤，可能会影响到这个人一生的性格和行为，作为辅导员，多想用尽关爱去温暖一颗受伤的心，但三年的时间，真的够吗？

二、解决措施

（1）李新是一名民政助学工程资助的少数民族学生。一进校，辅导员就格外关注到他，找到他了解他的详细情况，以期能给他提供合理的帮助。由于各方面原因，出于对李新的尊重，辅导员不便再询问更多，只是告诉他有任何问题可以随时联系辅导员，同时多和班级同学交流沟通，有空多出去走走，了解一下这个城市，熟悉一下周围的环境。辅导员同时安排班委关注他的情况，让班委有意多和他沟通，帮助他早日融入班级。

（2）按照辅导员的工作安排，辅导员会每周寻找课间或者休息时间和他聊一次天，了解他近期的学习和生活情况等。尽管辅导员想了很多办法，但每次的聊天他都几乎是辅导员问几句，他答几个字或者点个头，不管谈论什么话题，他都几乎没有兴趣也不愿多说。一开始辅导员热切地想帮助他成长，但想走进他内心的热情被一次次浇灭。辅导员只有不断提醒自己：慢慢就好了，再耐心一点。辅导员自我安慰着：即使走不进他的内心，他也可以学到知识，顺利毕业，回去后找到一份不错的工作。

（3）一年后一个周六的 1：00 过，宿管值班老师反映李新酒后伤人。辅导员让他酒醒后到办公室了解情况。

（4）辅导员向二级学院主管书记汇报了此事，也将李新的特殊情况做了详细汇报。辅导员试图联系到他的监护人——他的堂哥，但对方确实听不懂汉语，发过去的信息也没有得到回复。

（5）按照校规校纪，李新的行为是要被给予处分的。可是考虑他的情况特殊，二级学院的主管书记和辅导员都积极努力安抚他，给他讲清道理，提醒他遇到事情一定要冷静，要寻求帮助，不要冲动行事，提醒他喝酒要小酌怡情，不能喝醉。

（6）半年过去后，在一个周五的晚上，李新再次醉酒后与其他院系同学发生争执，还首先出手打人，将对方打伤了。

（7）这一次出手伤人，考虑到他的经济情况，为他争取了报销医药费，但按照校纪校规，对他给予了留校察看处分。辅导员严肃地批评教育了他。他一言不发，对处理结果也没有异议。辅导员要求他必须联系到自己的监护人，辅导员要将情况如实告知其监护人。辅导员向二级学院主管书记汇报了这一情况，并且还给李新的监护人发送了李新这次醉酒打人的事情经过和学校的处理情况。

（8）辅导员要求李新每周主动来找辅导员汇报一次自己的情况，包括学习和生活情况，其中必须包含是否饮酒的情况，效果不佳。

（9）三个月过后，他再一次醉酒打架。这一次是在校外，情节更加严重，不由让辅导员深刻反思。

（10）最后，警方考虑到李新是学生，将他交回学校处理。辅导员也终于联系到他的另一个表哥，深入了解了他的家庭情况。因各种原因，学校让李新自行休学回家反思休整。

三、总结启示

一个人少年时期的伤，可能会影响到这个人一生的性格和行为。作为辅导员，多想用尽关爱去温暖一颗受伤的心，但有时也会感觉到自己的无力，只能尽量去填补他们内心的空缺，希望他们能够健康无忧地成长。

第七节 学生安全管理案例

案例 1 学生"校园贷"处理

一、案例情况

王燕红（化名），女，汉族，会计专业 A1301 班学生。

2016 年 12 月 26 日 16：44，陈春（化名）同学向辅导员询问王燕红家长的电话号码，表示联系不上她，担心她有什么事情，但是不愿透露其他信息。为了不泄露王燕红的私人信息，辅导员立即打电话给王燕红本人，但王燕红没有接听电话，发 QQ 信息给王燕红也没有回复，辅导员又打了她留下的她父亲的电话号码，接电话的是一名女士，表示自己不是王燕红的家长，但可以联系到王燕红本人给辅导员回电。辅导员请她马上告知王燕红回电给辅导员。为了更快联系到王燕红本人，辅导员又打了她留下的她母亲的电话，对方表示不认识王燕红。辅导员找到她进校时登记的家长电话（只有她父亲的电话），但发现电话已经停机。辅导员马上打电话到她实习的公司，以了解王燕红的实习状况为由了解她的近期情况，对方表示王燕红 12 月 24 日和 12 月 26 日请假了，理由是家里有事情要处理，表示王燕红平日在公司实习一切正常。辅导员给对方留了联系方式，请她有事情可以联系辅导员。辅导员又联系了王燕红同学的校内顶岗实习老师黄老师，黄老师说 12 月 22 日联系过王燕红，并说她还未提交实习协议，请辅导员再催一下。

17：11，王燕红在 QQ 上给辅导员回话，说自己在仓库忙碌没有注意手机，她妈妈去找她才知道大家在联系她，她会主动与同学们联系。辅导员叫她接一下电话，并提醒她赶快提交实习协议，保持通信畅通，注意安全，好好工作。她叫辅导员别打电话了，她在家附近实习，爸爸、妈妈都在。辅导员要求她重新提交她父母的电话号码，她告诉辅导员先前打的就是她妈妈的电话号码，并重新提交了她父亲的电话号码。

二、解决措施

辅导员打电话给陈春，表示已经联系上了王燕红，王燕红会主动联系她，并向她说明不能轻易向同学提供其他同学的私人信息，请她理解。辅导员询问她为何担心王燕红有事情，她只说因为打她电话没有接听，出于对同学的关心才着急。

12月27日上午，辅导员接到自称是王燕红单位的领导打来的电话（经27日下午与王燕红的父亲核对电话号码，此人为王燕红的母亲），了解王燕红在校期间的表现情况，并说她收到一条"拍拍贷"的短信，称王燕红在"拍拍贷"借钱。王燕红现在心理压力大，不愿与人交流，问她什么都不说。辅导员对此事高度重视，立即联系了陈春同学，请她说明寻找王燕红的真实理由。陈春说王燕红借了班级同学刘燕（化名）和高越（化名）各200元钱，这两名同学现在都联系不上她，才请陈春帮忙联系。因会计专业A1301班在2016年10月之前的辅导员是另一个老师，这个老师目前在休产假，新任辅导员对王燕红的情况并不太了解，于是询问了王燕红的家庭情况及其在校的整体情况。陈春说王燕红的父母离异，母亲再婚，父亲经营一家酒吧，王燕红跟着父亲生活，经济不困难，应该不至于为了生计借钱。王燕红在校期间一切正常，没有违规违纪行为，没有什么特别的情况出现。辅导员打电话联系了刘燕和高越两位同学，她们表示大概在11月份的时候，王燕红以有点事情为由向她们各借钱200元，至今未还，她们不是急着催她还钱，只是对她不接她们的电话、不回她们信息的行为感到奇怪，同时也担心她出什么事情。同时，高越表示，她在12月27日收到一条来自＊＊＊＊＊的短信，短信内容为："【零零期】王燕红，6221＊＊＊＊＊＊＊＊＊＊＊＊2621，该位同学在零零期借款，已逾期多日至今未还，公司将上报个人诚信档案系统，严重者将成为全国黑名单用户，烦请转告。如有打扰敬请谅解。回复TD退订。"看了短信后她有些着急，害怕王燕红同学真的陷入高利贷陷阱，但联系不到她本人，才想到通过其他同学联系她及她的家人，确认她的安危。

辅导员立即打电话给王燕红本人，但她不接电话。辅导员在QQ上留言说想了解一下她的实习情况请她接电话，她回复说不方便接电话。辅导员与她约定28日上午打电话给她，她回复说好。

辅导员立即向财经学院分管学生管理工作的书记汇报了此事，分管书记高度重视此事，要求在给王燕红减压的同时全面了解此事的情况并做好详细记录，摸排清楚情况后及时上报学生处。

辅导员通过QQ联系了王燕红所在班级的陈春和班长穆仁（化名），请他们摸排下班级同学有没有借网贷的，同时了解有没有其他同学借钱给王燕红。并请他们注意间接询问，不能宣扬此事，不能给同学造成心理压力。

为了进一步弄清王燕红贷款等相关情况，辅导员又打了她27日留下的她父亲的电话，从了解王燕红的实习情况和生活状态入手了解王燕红的整体情况。她的父亲表示，王燕红在2016过年的时候就通过贷款偷偷买了一部苹果手机，他发现后询问得知还欠1 800元，他马上帮她还清了，并教育她需要什么东西可以告诉家长，正规购买，不要贷款，教育她做人要诚信、讲孝道。2016年9月王燕红进入现在的公司实习，月收入2 000元，全部用于个人零花，家里的所有开销都是父亲支付的，不存在经济压力。前两个月他收到了贷款公司的电话，说王燕红借了贷款，于是他回家询问王燕红借贷款的事情，但是王燕红一直沉默不理他。因为不知道她贷款的金额和具体贷款的公司，他也没有办法替王燕红还钱。王燕红的父亲表示，自9月开始，王燕红就不爱交流，回家就只是抱着电脑玩。王燕红的父亲就这件事情与王燕红的母亲沟通过，但王燕红的母亲也只表示会和王燕红说此事，因为与王燕红的母亲已经离婚，也没有过多沟通。王燕红的父亲说他这两天与王燕红沟通后会给辅导员回话。辅导员提醒他注意了解清楚王燕红贷款的具体性质、贷款金额、利率和贷款的方式（提供了什么材料），并列举了网上的一些贷款案例，强调高利贷容易引发心理压力并导致出现一系列问题，嘱咐他首先调整好自己的心态，不要给王燕红压力，引导她说出实际情况，可以请王燕红的好友或者亲近的长辈帮忙。嘱咐他有任何事情第一时间与辅导员联系，只要他说通王燕红接辅导员的电话，辅导员很愿意与王燕红沟通，帮助解决此事。王燕红的父亲表示他会抓紧与王燕红沟通，过两天给辅导员回电。挂断电话后，辅导员又分别给王燕红的父亲、王燕红的母亲发短信，请他们一定注意调整好自己的状态，注意沟通的方式，给王燕红解压。

12月28日上午，辅导员如约给王燕红打电话，她还是不接电话，QQ留言也不回复。于是辅导员给她留言说，如遇到什么困难，辅导员很愿意帮助她，希望她回辅导员信息或者打电话给辅导员。但她一直没有回复。

12月29日8：37，王燕红所在班级班长穆仁发QQ留言给辅导员，表示了解到班级部分同学收到了如高越同学一样的短信，其他同学没有借钱给王燕红。

12月29日下午，辅导员再次打电话给王燕红的父亲，了解王燕红目前的情况。王燕红的父亲表示王燕红一直不愿开口谈及此事，他虽然与王燕红的母亲取得了联系，请王燕红的母亲出面与王燕红沟通，王燕红的母亲答应了，但目前也没有效果。现在王燕红依然在正常上班。他会再想办法与王燕红沟通，有新的进展会立即打电话给辅导员。

因无法与王燕红本人取得有效沟通，辅导员无法给她做思想工作，帮助她认清现实情况，尽快解决问题。因王燕红的母亲不愿承认自己是王燕红的母亲，而王燕红本人与其父亲同住，辅导员只能继续与她的父亲保持联系，了解王燕红的情况。

2017年1月3日，王燕红的校内顶岗实习指导老师黄老师给辅导员QQ留言说打不通王燕红的电话。辅导员立即打电话给王燕红，语音提示该号码已失效。辅导员打电话给王燕红的父亲，王燕红的父亲未接电话，也没有回复电话。辅导员打电话给王燕红的母亲，王燕红的母亲接通电话，但辅导员听出对方就是王燕红本人。对方开始承认是王燕红，但辅导员说明自己的身份后，对方又不承认自己是王燕红，并说会让王燕红回电给辅导员。辅导员将王燕红的父亲、王燕红的母亲的电话号码通过QQ留言给黄老师，请她协助一起联系王燕红。1月3日15：50，王燕红通过QQ留言告诉辅导员她的手机坏了，修好后会告诉辅导员。辅导员与她确认可以通过她的父母联系上她，并嘱咐她尽快与顶岗实习老师联系。

三、总结与启示

随着互联网的普及和互联网金融业态的兴起，通过网络进行贷款是很普遍的事情，需要贷款的当事人足不出户就可以完成所有贷款流程。但是，网上贷款在给人们带来便利的同时，也带来了很大的风险和隐患。对于涉世未深的大学生来说，掌握一定的网络信贷安全知识，显得尤为重要。网络贷款是指借款方与放款方通过网络平台完成借贷业务的新型借贷模式，该模式中借款申请的提交、资料的上传与审核、放款等流程均在线上完成，是小额借贷与互联网金融融合发展的产物。与银行传统的线下贷款模式相比，网络贷款具有门槛低、手续简单、办理流程快、信息透明度高、风险分散等诸多优点，在很大程度上解决了民间小额贷款的难题。但随着网络贷款模式爆发式的发展，由于相关法律法规缺失、监管体系不完善等，网络贷款引发的信息泄露、坏账率高、违法催款等问题也不断暴露出来。

大学生在消费中，要树立正确的世界观、人生观、价值观，理性看待金钱，树立风险防范意识，才不会落入"迭贷更新"的陷阱之中。要注意识别网贷陷阱，提高自我防护意识。

校园"套路贷"常见陷阱：

（1）巧立名目收取高额手续费。贷款公司常常鼓吹贷款利率低，但实际上在借贷过程中常常会以"中介费""服务费""手续费"等其他名目收取高额费用，常常导致应偿还本金远高于实际获得的贷款额。

（2）利用分期还款掩盖高利率真相。采用分期付款的方式，表面上看似减小了个人的还款压力，但实际上却掩盖了高利率的真相。

（3）逾期还款后果非常严重。网贷公司只要在合同或电子授权上取得你的个人授权，一旦出现逾期还款，后果非常严重，一方面是扣除所谓的保证金，另一方面往往还需要按天计算利息，并且实行复利计息或称"利滚利"，本息连还导致严重超出个人承受能力，掉进债务偿还恶性循环，容易陷入"连环贷"的圈套。

网络信贷安全防护措施：

（1）树立正确的消费观，积极倡导理性消费。坚持树立正确的消费观念，自觉摒弃攀比心理，坚决抵制严重超出个人偿还能力的超前消费、过度消费等错误消费观念，努力养成艰苦朴素、勤俭节约的良好作风。积极倡导理性消费，克服虚荣心理，根据自身能力合理规划支出。

（2）坚决抵制非法网贷，正常需求寻求帮助。不要轻易听信"校园贷"的各种推广宣传，不要怀揣侥幸心理，不要充当非法网贷平台的宣传员，坚决抵制各类非法网贷行为。确因生活困难、学业、创业需要申请贷款的，要主动向家长或学校反映情况，征求父母、家人的意见，在家长或学校的帮助下通过正规渠道办理助学贷款等业务。

（3）一旦陷入非法"校园贷"，第一时间报警求助。如若不慎陷入"培训贷""回租贷""美容贷"等"校园贷"陷阱或遭遇其他民间借贷纠纷，要保持冷静并积极面对，第一时间向学校、家长报告情况，拨打"110"向当地公安机关报案，寻求合法途径解决问题，维护自身合法权益。

案例 2　学生网络诈骗问题处理

一、案例情况

王一（化名），女，汉族，财经学院会计专业 A1807 班学生。

2020 年 4 月 1 日，王一同学接到闺蜜小丽的电话。闺蜜谈了男朋友，因为意外怀孕，不敢和家里人说起这个事情，需要 8 000 元做手术。小丽是王一从小一起玩到大的闺蜜，彼此之间关系非常要好，听到小丽带有哭腔的电话，王一心软了，准备想办法借钱帮小丽渡过难关。王一在自己的同学、朋友中间尝试了帮忙借钱应急，王一同龄的同学、朋友都没有收入来源，靠父母给的生活费过日子，手里也没有剩余的钱，打了好几个电话下来，总共也只借到 500 元左右。王一很是着急，突然想起支付宝里的"借呗"，根据王一的个人芝麻信用积分，她只能借到 3 000 元额度。

王一在百度里搜索"如何提高支付宝借呗借款额度"，搜索到一个提升借呗额度的客服，并添加了 QQ 进行咨询。对方声称可以通过提高个人信用积分提高借款额度，但是需要先往账户里面存 3 000 元的保证金，这样可以提升借款额度，待申请同意后，再返回 3 000 元的保证金。此时的王一有所犹豫，一是自己暂时没有那么多钱，二是也害怕被诈骗。此时闺蜜小丽的电话又打过来了，再次恳请王一帮忙借钱。为了帮助闺蜜，王一豁出去了，找室友救急借了 2 000 元，承诺一周后还，加上自己卡上的生活费 1 000 元，凑齐了 3 000 元给客服指定账户打了过去。过了 5 分钟，客服回了消息，给王一反馈：因为王一的个人信用积分太少，3 000 元的保证金审核不通过，需要再提交 5 000 元的保证金，如果后面的 5 000 元保证金不提交，前面的 3 000 元也退不了。此时的王一有些慌乱了，担心前面已经转出去的 3 000 元退不回来，就硬着头皮给自己在浙江打工的表妹小琼打了电话，说自己现在急需要 5 000 元救急，承诺 1 个月以后归还。小琼非常相信自己的表姐，没有多问就把 5 000 元转入了王一银行卡账户，王一收到钱后将 5 000 元转入了客服指定账户。过了 10 分钟，客服又发来消息，反馈说已经提交的 8 000 元还是不够，还需要 5 000 元作为保证金。此时的王一已经非常慌乱，担心前面转入的 8 000 元打了水漂拿不回来，自己不仅没有帮到闺蜜，自己还被骗了 8 000 元，想再借 5 000 元，然后想法把保证金全部退回来。

二、解决措施

王一此时感觉自己已无路可走，想起了自己的学长王涔扬（化名），于是想向学长借 5 000 元救急。王涔扬同学接到学妹的借钱信息以后，马上引起了警觉，5 000 元数额不算小。王涔扬马上给辅导员打电话。此时辅导员正在教室里给学生授课，一般上课过程中不准接听电话，所以马上就给挂断了。王涔扬又连续打了 3 个电话，辅导员感觉应该是有紧急情况，于是在教室外面接听了电话。了解到具体情况以后，辅导员给王涔扬提了三点要求：①马上联系学妹王一，陪同王一到学校保卫处报告情况；②请黄洪（化名）同学登录王一 QQ，继续和对方保持联系，看能否把钱套一部分回来；③一定不要再转钱给对方。19：30，辅导员下课以后，马上给王一同学打电话，得知他们到保卫处登记情况后，保卫处的老师建议他们马上到派出所报案。辅导员安排王涔扬马上带着王一打车到沙坪坝虎溪派出所报案。在王一去派出所报案的过程中，诈骗分子一直在催促王一继续打钱过去，还设置"最后时间"，明说在规定时间内再不转款，前面的 8 000 元保证金就退不回来了。骗子就是抓住了王一担惊受怕的心理，一开始设置了可以提升信用额度的陷阱，使其转入 3 000 元的保证金，然后再步步挖坑，坑越挖越大，让受害者越陷越深，损失更多的钱财。

三、总结与启示

在此案例中，幸好王涔扬同学比较警觉，发现问题后及时上报给辅导员，辅导员及时介入处理，避免了王一遭受更大的损失。

网络诈骗是指违法犯罪分子利用网络平台，通过伪装身份并编造虚假信息，对受害人实施远程、非接触式诈骗，诱使受害人给违法犯罪分子转账或打款的违法犯罪行为，是电信诈骗违法犯罪活动中最为常见的一种类型。

网络诈骗防范技巧：

（1）首先要核实对方真实身份。无论是哪种类型的网络诈骗，违法犯罪人员实施诈骗都是伪装一个虚拟的身份，例如冒充国家机关工作人员、客服人员或者亲朋好友等。因此，在进行转账或者汇款前，务必要核实对方真实身份。

一般情况下，对国家机关、企事业单位工作人员身份的核实，可以采取官网查询或者拨打 114 查询公开电话方式予以确认，不要随意相信对方自述信息；对于亲朋好友 QQ、微信、手机发送过来的涉及借钱、汇款等信息，可采取电话联系本人的方式进行确认，可以尝试多询问几个私密问题来分辨真假。在通过电话核实对方身份时，只能相信自己"拨过去的"，不要相信"主动打进来的"。

（2）不轻易相信中奖信息。辅导员提醒同学们，接到中奖的信息后，千万要保持冷静，不要被中奖信息冲昏头脑，正所谓"天上不会掉馅饼，掉了也不一定砸中你"。首先可以先回忆自己此前是否参与过抽奖活动，其次是想办法核实对方的身份，最后是判断对方提出的兑奖要求是否合理。正规机构、正规网站组织的抽奖活动是绝对不会让中奖者"先交钱，后兑奖"的。

（3）可疑链接不点击。在电脑端、手机端，对于来路不明的链接，要时刻保持警惕，不要随意点击可疑链接，特别是点击链接后要求下载安装程序的。不下载非正规渠道软件，防止计算机或手机等电子终端遭到木马病毒攻击。如果点击链接跳转至网页界面，在无法核实网页是否正规网站的情况下，不要随意填写个人的身份证号码、手机号码、银行卡卡号、密码、验证码等私密信息。

（4）私密信息坚决不透露。网络是公民个人信息泄露的重灾区，按照个人信息私密程度的不同可分为不同层级。其中，诸如姓名、身份证号码、家庭住址、电话号码、银行卡号等信息，一般不要轻易提供给陌生人，而诸如密码、短信验证码等特别私密的重要信息，更是不能透露给他人。要养成定期更换密码的习惯，不同金融账户设置不同密码，且密码不要过于简单。

（5）转账操作前三思而后行。随着现代科技的发展，资金转移变得越来越方便和快捷，但是资金一旦转出，一般情况下就很难撤销或申请退回，所以无论在何种情况下，进行转账操作前都务必三思而后行。转账操作前可询问自己三个问题：本次转账操作是否有安全保障；本人能否确认对方身份并找到对方；转账操作完成后是否有把握索要回这笔钱。只要对上述三个问题中的任何一个问题存有疑虑，就应该谨慎对待。

（6）冷静面对，积极寻求帮助。在日常生活中，如果无法判断所接收的信息是否为诈骗信息、对方是否为诈骗人员，可积极寻求亲朋好友、教师或公安机关的帮助，正所谓"当局者迷，旁观者清"。切不可怀着试一试的心态去处理。在遭遇网络诈骗后，要尽量保持冷静，不要慌张，要第一时间挂失和冻结相关账户并拨打"110"报警。

第四章 高职院校经管类专业学生管理指导思想与工作要求及具体实践与工作措施

习近平总书记在全国高校思想政治工作会议上强调,高校立身之本在于立德树人。把立德树人作为教育的根本任务,培养德、智、体、美、劳全面发展的社会主义建设者和接班人。要遵循教书育人规律、遵循学生成长规律,以学生为主体,结合高职院校学生的自身思想行为实际,教育和引导学生做一个什么样的人、怎样去做这样的人,做什么样的事、怎样去做这样的事,教育和引导大学生树立社会主义核心价值观。本章进一步阐释了辅导员在学生管理工作中的指导思想与工作要求及具体实践,最终总结出加强党对学生管理工作的全面领导、改进和创新学生思想政治教育工作、创新学生公寓治理模式、把立德树人实效作为检验工作成效的根本标准、把牢以学生为中心的发展思想、深入推进就业服务供给侧结构性改革、建好建强学生管理工作队伍的措施,对高职院校学生管理工作具有较为重要的参考价值。

第一节 指导思想与工作要求

思想政治工作归根结底是做人的工作,是释疑解惑的过程。辅导员在学生思想政治教育工作第一线,必须具备一定的理论素养和专业能力。本书结合一线辅导员工作经历,将工作中处理的学生管理真实案例呈现出来,通过对案例的分析,对工作思路、工作步骤和工作结果的梳理,得出了相关的经验与启示,以此形式与同行的其他辅导员分享与交流工作中的经验和心得，进而开阔学生管理工作的视野，提高学生管理工作能力。

一、学生管理工作指导思想、基本原则和发展目标

（一）指导思想

以习近平新时代中国特色社会主义思想为指导，以习近平总书记关于教育的重要论述为根本遵循，牢固树立以学生为中心的发展思想，主动适应新时代高等职业教育学生管理和思想政治教育工作对学生管理工作提出的新要求，奋力推动学生管理工作高质量发展，遵循思想政治工作规律、教书育人规律和学生成长规律，以立德树人为根本，以机制创新为基础，以学生管理能力提升为核心，以实践研究为牵引，以队伍建设为支撑，以信息技术为辅助，努力提高"学工育人"（学生管理工作培育人才）的贡献值和显示度，全面提升"学工育人"核心能力，奋力实现全员精心育人、全过程精细管理、全方位精准服务的"三精"学生管理工作治理新格局，努力培养高素质劳动者和技术技能人才，积极助力建设文理兼备、特色鲜明的职业教育本科院校，培养德、智、体、美、劳全面发展的社会主义建设者和接班人。

（二）基本原则

"新学工"（新时代学生管理工作）是对新时代呼唤的主动回应，是对新思想的自觉贯彻，是对新问题的精准破解；是学校学生管理工作牢牢把握新发展阶段、贯彻新发展理念、构建新发展格局，推进学生管理工作转型升级的探索实践；是学校学生管理工作实现高质量发展的顶层设计，是新时代学生管理工作的"施工图"。

（1）坚持教书与育人相结合。坚持立德树人的根本宗旨，把学生管理作为根本任务，把思想政治教育摆在首要位置，培养德、智、体、美、劳全面发展的社会主义建设者和接班人。

（2）坚持管理与服务相结合。坚持把思想教育工作融入学生思想政治教育和日常教育管理工作之中，牢固树立"围绕学生、关照学生、服务学生"的意识，深入构建"三全育人"格局。

（3）坚持继承优良传统与改革创新相结合。在继承优良传统的基础上，牢牢把握新发展阶段、贯彻新发展理念、构建新发展格局，推进学生管理工作转型升级的探索实践。

（三）发展目标

通过对标同类一流、对标学校发展、对标社会需求、对标学校需要

"四维对标"，聚焦学生管理工作在学校管理中的功能定位和作用发挥，主动融入高质量教育体系建设，着力建设"立足新时代、树立新理念、构建新机制、增强新动力、依托新技术、拓展新视野、开创新格局"的"新学工"。形成一批符合高职院校学生认知规律的显隐并举、图文并茂、声像交融的"学工育人"成果。

二、具体工作要求

（一）高校辅导员要坚守教育初心，牢记立德树人使命

高校辅导员要抓好学生思想政治教育和价值引领、党团和班级建设、学风建设、学生日常事务管理、心理健康教育与咨询、网络思想政治教育、校园危机事件应对、职业生涯规划与就业创业指导、理论和实践研究等9个方面工作，将思想政治教育充分融入学生日常教育管理中。在日常管理中，要教育和引导学生从自身做起、从点滴开始，在日常学习与生活中树立和践行社会主义核心价值观，关心关爱、教育引导学生，努力培养适应新时代需要的高素质人才。

教育教学和管理工作要充分抓住"大思政"教育理念的构建时机，坚持以生为本，通过给予学生足够的关怀和关爱，让学生主动地接受思想政治教育，进而促进学生管理水平的提升。创新管理模式和改革教育教学方法，激发学生学习兴趣，增强学生学习动力，形成良好的学风。强化学生职业生涯规划与就业指导，从他们关注未来所从事的职业和就业单位出发，在日常管理和教育中，加强职业技能教育，贯穿思想引导、价值引领，培养学生树立正确的就业观和创业观，实现充分就业；重视规范学生日常行为，在教育教学和日常管理活动中，寓教于言、寓教于行，促使他们养成良好的行为习惯，培养社会主义合格建设者和可靠接班人。

（二）建立日常教育管理工作落实情况定期检查通报制度

为加强学生日常教育管理，切实保障学生生命安全和身体健康，高职院校可实施学生日常教育管理工作落实情况定期检查通报制度。检查内容包括：旷课学生、晚归及夜不归寝学生的教育处理情况，辅导员基本工作制度落实情况，抽烟等校园不文明行为教育处理情况，二级学院内部检查督导情况，临时性专项工作落实情况等。

（1）旷课学生教育处理情况。辅导员要坚持每日查看课堂考勤系统，建立所带班级旷课学生教育处理情况台账，各二级学院要建立本院旷课学

生教育处理情况台账（台账内容应包括班级、学号、姓名、旷课时间、缺勤课程、旷课原因、累计旷课学时、采取的教育措施、目前情况等），及时跟进做好旷课学生的教育处理，落实好"旷课学生黄红牌警示制度"和《学生违纪处分管理规定》，坚决杜绝"应处理未处理"。

（2）晚归、夜不归寝学生教育处理情况。学生处正配合安全管理处、信息中心进行学生公寓人脸识别系统与"一站式"平台的数据对接。在系统建设完成前，辅导员要坚持用学工助理检查报送、学工系统定位打卡、寝室内拍照打卡等多种方式，做好学生每日归寝情况全覆盖检查。各二级学院要通过交叉检查、定期抽查等方式督促辅导员做好工作落实，并定期如实将晚归、夜不归寝学生名单上报学生处，坚决杜绝漏报、瞒报等情况。

（3）辅导员基本工作制度落实情况。非毕业班辅导员要坚持每周与学生谈心≥4次（上传谈心记录）、走访学生寝室≥2次（上传照片）、深入课堂≥1次（上传照片），每半月召开主题班会≥1次（上传班会照片和会议记录表），每月与家长联系≥2次（上传相关佐证材料）；毕业班辅导员要坚持每周联系学生≥4次，每次至少5人（上传联系记录等相关佐证材料）、深入学生实习单位≥2次（上传与实习学生合影的照片），每半月召开安全教育、就业指导主题班会≥1次（上传班会内容要点和班会截图），每月与家长联系≥2次（上传相关佐证材料）。各项记录均以上传到学工系统的为准。

（4）二级学院内部检查督导情况。各二级学院要建立由分管学生管理工作负责人牵头的学生日常教育管理工作落实情况检查督促制度，做到台账详实、过程可查，构建各尽其责、信息畅通、运行高效的校院联动机制。

学生处可定期通过学校 OA 网络办公系统公布检查通报，作为年度工作过程性考核的依据，强化过程监督，提高高职院校学生管理水平。

（三）确定管理目标，发挥资源协同效应

根据"大思政"理念对学生管理工作的要求，围绕立德树人根本任务的落实，确定学生管理目标，紧盯目标不放，充分发挥各方面管理资源的协同效应，服务于目标的实现。认真研究和挖掘不同岗位的育人元素和管理要素，完善岗位育人职责，明确管理育人的内容、要求、路径和考核评价，构建和完善管理育人全员体系，打造"三全育人"整体合力；在实现管理目标的过程中，建立管理目标和育人目标的动态调整机制，包括经济社会需求、学生现状变化、学生发展需求、目标细化分解等，落实到年级、专业、班级、社团、宿舍等，体现到教学、管理、服务等工作中，形成"大思政"理念下教育教学和管理服务育人格局，提高学生管理水平和质量；切实加强"课程思政"建设，发挥教师的积极性、主动性、创造性，引导教师实现教书和育人相统一、言传和身教相统一、潜心问道和关注学生发展相统一，"守好一段渠、种好责任田"，使各类课程与学生管理同向同行，形成协同效应，推动实现全员全过程全方位"三全"育人。

（四）创新高职院校管理制度，构建科学的考核评价体系

要建立适应"大思政"理念要求的学生管理制度，构建考核评价体系是十分必要的。学生管理制度的建设和创新，要针对当代大学生的自身特点和时代特征，以学生为本，实现"以服务为宗旨，以就业为导向……培养面向生产、建设、管理、服务第一线需要的'下得去、留得住、用得上'、实践能力强、具有良好职业道德的高技能人才"培养目标。为此，要着力制定与"大思政"理念相适应的学生管理制度，构建新的管理体制机制，实现学生管理工作制度化规范化。重视并切实做好学生管理工作监督检查，构建考核评价体系，坚持定量考评与定性考评相结合的原则，以工作绩效为准绳。考核评价指标体系的设置，既要考虑学生管理工作的整体性，又要结合不同类工作的独立性，严格选定考核项目，减少考核条目，将平时考核、学期考核和年度考核相结合。总之，新时代的高职院校学生管理工作在"大思政"理念下面临一系列新要求和新挑战。高职院校必须关注和研究社会发展以及学生思想行为的变化，正视存在的现实问题，适应时代要求，树立"以生为本"理念，立足学生成长成才实际需要，不断改革和创新学生管理工作，切实落实立德树人根本任务，不断提高学生管理水平，实现"为党育人、为国育才"的初心与使命担当。

第二节　具体实践与工作措施

习近平总书记在中国共产党第二十次全国代表大会上的报告中指出，我们要坚持教育优先发展、科技自立自强、人才引领驱动，加快建设教育强国、科技强国、人才强国，坚持为党育人、为国育才，全面提高人才自

主培养质量，着力造就拔尖创新人才，聚天下英才而用之。我们要办好人民满意的教育，全面贯彻党的教育方针，落实立德树人根本任务，培养德智体美劳全面发展的社会主义建设者和接班人，加快建设高质量教育体系，发展素质教育，促进教育公平。中共中央、国务院在《深化新时代教育评价改革总体方案》中指出，教育评价事关教育发展方向，有什么样的评价指挥棒，就有什么样的办学导向。为深入贯彻落实习近平总书记关于教育的重要论述和全国教育大会精神，完善立德树人体制机制，扭转不科学的教育评价导向，坚决克服唯分数、唯升学、唯文凭、唯论文、唯帽子的顽瘴痼疾，提高教育治理能力和水平，加快推进教育现代化、建设教育强国、办好人民满意的教育，高职院校要坚决贯彻落实党的二十大报告精神，学习贯彻习近平总书记关于教育的重要论述，坚决落实学校党政工作部署，坚持围绕"育"字做实功，提供靶向服务，增强供给能力，重点打造"一体两翼三引擎"（以突出党建引领育人工作为主线，以激发学生成长发展和学工队伍内生动力为两翼，以构建"三精"即精细化管理、精细化服务、精细化育人学生管理工作治理新格局为引擎）。具体实践如下：

一、探索教育评价改革，完善学生综合素质评定指标

制定《关于建好"新时代劳动教育"课程的实施意见》，明确内容课程化、活动项目化、形式多样化、资源系统化的"四化"劳动教育与实践体系。编写出版《新时代劳动教育教程》校本教材，先后组织开展"劳动实践专业服务日"、新"室"界"馨"的家学生寝室美化大赛等各类校内、校外、家庭劳动实践活动 50 余场次，吸引近 20 000 人次师生参加参与。深入开展"劳动模范进校园"主题活动，全国劳模杨李、王莉佳、汪志，全国抗疫先进个人、湖北省"五一劳动奖章"获得者赖晓东，全国"五一劳动奖章"获得者陶科等纷纷走上讲台，让劳模精神更加可观可触可感。修订和完善《学生综合素质测评办法》，将学生参与劳动教育课程学习和实践情况纳入学生综合素质档案，引导学生德、智、体、美、劳"五育并举"。

二、给学生点灯照路，首先要做到自己心中有光亮

学生管理工作归根到底是做人的工作。辅导员作为学校与学生之间的桥梁和纽带，在及时有效地沟通信息，有针对性地做好学生政治领导、思想引导、情感疏导、学习辅导、行为教导、就业指导等方面发挥着重要作用。

学校大力推进辅导员队伍专业化建设，为加强新时代大学生思想政治教育工作提供坚强保障。

一是用好"指挥棒"，让辅导员队伍建设更稳定。积极推进辅导员工作业绩评价机制改革，消除评价标准单一、"一把尺子量到底"等现象，探索试行辅导员年度工作业绩分级（按岗位职级制定标准），突出工作实绩，充分发挥评价"指挥棒"作用，指引辅导员阶梯式成长、递进式历练。

二是建立"充电站"，让辅导员能力素养更拔尖。着力建好三个平台，推动辅导员素质能力提升计划提质升级。①建好培训研修平台。贴近辅导员工作实际，紧密围绕辅导员职业生涯各阶段的难点、痛点，构建了覆盖岗前培养、在岗提升到分流培训的系统化培养体系，提高核心能力的"培养权重"，举办新进辅导员培训、在岗提升培训40学时，心理危机预防干预、就业指导等专业培训60学时，覆盖全体专职辅导员。②建好学习交流平台，扎实建好"辅导员之家"，培养辅导员学习意识，养成学习习惯；邀请全国辅导员年度人物、"最美奋斗者"来校演讲授课，努力增强辅导员的职业认同感、荣誉感和归属感。③建好行动研究平台。初步完成7支"辅导员专业化团队"的组建筹备工作，以辅导员工作室、学生工作研究专项、辅导员专业化团队等为牵引，打造学生管理工作"有形抓手"，支持辅导员协同开展行动研究，引导辅导员锁定专业发展方向，深层次解决学生成长中的具体问题，以辅导员整体的专业化应对学生整体的复杂化，协力破解学生日常思想政治教育与管理工作中的重点难点问题。

三、努力拓宽思想政治引领路径和方法，为加强新时代大学生思想政治教育工作奠定坚实基础

（1）创新教育手段方式，提升专题教育实效。努力提升专题教育新颖性、创意性，创新开展"共抗疫情爱国力行"主题云班会、"四史"线上闯关答题、"我为文明代言"文明打卡活动、"节约粮食光盘换礼"活动等学生喜闻乐见、乐于接受的专题教育活动，覆盖全校学生。

（2）选树身边先进典型，发挥榜样引领作用。组织开展国家奖学金公开评审答辩会、"十大优秀学生标兵"表彰会、"四个文明"集中展示周，让"身边人"讲述"身边事"，让爱国主义、集体主义、社会主义教育更

接地气、更具活力、更有力度，充分发挥"身边人"的榜样引领作用。

（3）丰富学风建设途径，引导学生端正学习态度。建好用好班主任队伍，415名班主任认真开展学业指导，编制和发布《学业分析报告》，寻找学生学业薄弱点，着力培养学生学习兴趣，有针对性地抓好班级学风建设。全面加强学生出勤管理，严格实行课堂考勤管理制度、旷课学生红黄牌警示制度和晚归、夜不归寝学生专项检查制度。

四、给学生点灯照路，必须要明确长路何行

教师要紧扣"提升落实立德树人根本任务实效性"这一主线，坚持"提质量、抓内涵、促发展"目标导向，营造更好的校园育人环境，注入工作"新动力"。

（1）全面深化文明养成教育。一方面，加强文明行为习惯教育。制发《关于做好创建全国文明校园学生教育工作的通知》，部署开展9项专题教育，深入开展"四个文明"创建评选，通报表扬54个"文明班级"、1 541名"文明学生"、8个"文明社团"和800余间次"文明寝室"（每月一评），开展文明专题宣传周展播活动，达到"选树一个、影响一片、带动一批"的引领效果。另一方面，加强文明公寓建设。建成"优秀传统文化""优秀学生标兵""砥砺奋进"主题楼栋和思政心理社工融合育人平台、曹楠辅导员工作室，上墙"寝室文明歌""文明行为养成七字诀"等，让学生公寓每一处环境都能育人；探索推行学生在公寓内日常行为表现纳入学生综合素质测评，有效实现公寓日常管理工作和学生日常教育管理的有机融合；各级领导干部"进宿舍"纳入深入基层联系学生工作重要任务之一，实现各级领导干部和学生常态化联系交流，有效辐射带动全体师生共同参与到学生公寓管理工作中来。1栋学生公寓获评"重庆市高校文明公寓"，15间学生寝室获评"重庆市高校文明寝室（特色寝室）"。校领导深入基层联系学生工作获人民网报道。

（2）大力推进学生管理工作信息化建设。"智慧学工"学生管理工作管理系统（一期）顺利投入运营，通过系统应用情况周通报、学生管理工作信息化建设推进会等方式切实做好系统运用普及，师生使用率逐步提高，相关功能日趋完善，越来越多的事务性工作被信息化、"一站式"的"智慧学工"系统解决，基本实现"把工具还给工具"，让辅导员有更多的时间与精力同学生"面对面"地话青春、话成长、解困惑。

五、主要措施

（一）加强党对学生管理工作的全面领导，提高"新学工"的政治站位

1. 加强党对学生管理工作的政治领导

学生工作部定期向学校党委汇报学生管理工作，报请学校党委审议决定学生管理工作重大改革方案和重要事项，为学生管理工作掌舵把向；指导各二级学院党总支落实学生思想政治工作和教育管理主体责任，加快构建"十大育人体系"，推动学生管理工作高质量发展。

2. 加强党对学生管理工作的思想领导

学生工作部建立学生管理工作例会"第一议题"学习制度，深入学习上级文件会议精神和决策部署，引导辅导员养成学习习惯。开展"读原著、学原文、悟原理"学习活动，引导辅导员细读深耕经典原著，进一步提高学生管理工作队伍的政治站位、政策水平和大局意识。

3. 加强党对学生管理工作的组织领导

学生工作部认真落实学校党委《关于加强和改进领导干部深入基层联系学生工作的实施意见》，进一步深化校领导"七进"和中层干部"四联系、五深入"活动，着力构建领导干部深入基层联系学生工作常态化长效化机制，大力推进党建引领学生成长成才。

（二）改进和创新学生思想政治教育工作，提升"新学工"的教育融合能力

1. 实施主题班会质量提升计划

守好主题班会教育主阵地，创新教育形式，丰富教育手段，广泛利用校内外革命纪念馆、爱国主义教育基地等重点文化设施，组织开展富有时代感、师生参与性强、符合现代传播特点的爱国主义、集体主义、社会主义教育活动，把理想信念教育常态化、生活化、精细化，制作了一批主题班会慕课。

2. 实施"文明新风尚"养成教育行动计划

深入贯彻《新时代公民道德建设实施纲要》，持续加强学生文明养成教育，以深化实施"四个文明"（文明班级、文明寝室、文明学生、文明社团）评选为抓手，开展各种形式的重礼节、讲礼貌、告别不文明言行等活动，引导学生增强礼仪、礼节、礼貌意识，形成一批高职学生文明教育

案例集、文艺作品、微课等形式多样的文明教育成果。

3. 实施劳育融通行动计划

构建内容课程化、活动项目化、形式多样化、资源系统化的"四化"劳动教育实践体系，组织开展"专业节""劳动标兵"评选等活动，有目的、有计划地培养学生劳动素质、提升劳动技能、展示劳动成果。建设了一批校内外劳动教育实践基地，建成了一批劳模工作室，培育了一批劳动教育品牌项目，展示了一批劳动技能与竞赛成果，建立了一个劳动教育课程资源库。将学生参与劳动教育课程学习和实践教育纳入学生综合素质评价体系，并作为评优评先重要依据和毕业条件。

（三）创新学生公寓治理模式，深耕校本特色，提升"新学工"的品牌塑造能力

1. 创新学生公寓治理模式

以市级高校文明公寓和文明寝室创建为契机，深入挖掘学院专业特色和亮点，打造"一学院一公寓，一公寓一特色"的学生公寓文化建设品牌，大力打造融入职业道德、职业理想、职业行为习惯的学生公寓文化氛围。探索构建以"责任化分工、精细化管理、亲情化服务、多元化参与、规范化运行、信息化支撑"为基本架构的学生公寓治理新模式，改革和创新学生公寓管理和服务体制机制，组建"1+X"公寓管理团队，招聘一批优秀党员毕业生、退伍军人和社工、社区、物业等专业优秀毕业生担任公寓辅导员，定期开展富有专业特色的公寓文化活动。深入开展文明寝室建设月、公寓文化节等活动，以活动为载体，进一步健全学生公寓教育引导和管理服务体系，着力提高学校公寓育人水平。

2. 培育高水平学生管理工作精品项目

立足"新学工"发展需求，深耕校本特色，立项培育一批高水平辅导员工作精品项目、学风建设精品项目、资助育人项目等学生管理工作精品项目，探索形成一套可示范、可推广、可持续的校本先进经验和典型做法，打造具有职业院校特色，能在全市乃至全国有影响力的"新学工"品牌。

（四）把立德树人实效作为检验工作的根本标准，提升"新学工"的质量反馈能力

1. 持续优化学生评价与"学工育人"评价指标体系

进一步完善学生综合素质评价指标体系，改进结果评价，加强过程评

价，探索增值评价；通过信息化等手段，探索学生、家长、教师以及实习实践单位、社区等共同参与评价的有效方式；推动将学生综合素质评价结果纳入毕业条件。进一步健全"学工育人"评价指标体系，构建激励与监督并重的二级学院"学工育人"评价指标体系，引导培养高素质劳动者和技术技能人才；实行辅导员年度工作业绩分类考核（按职级制定标准），不断完善辅导员职称评审标准，积极推行代表性成果评价，突出育人工作实绩。

2. 着力提升学风建设质量与水平

加强学生课堂参与和课堂纪律督查，发挥黄红牌的警示教育作用。组织优秀课堂笔记互评互鉴，建立朋辈学业帮扶团，开展优良学风班级评比，推动开展评选年度先进学生、"十大优秀学生标兵"等学风建设活动，打造反映办学特色和学生特点的学风建设品牌活动，激发学生学习动力，促进学校整体学风向上向好发展。打造"达标—先进—标兵"三段育人指引链条，变外部驱动为内源驱动，助力培养新时代的高水平技术技能型人才。

3. 建立和完善学生数字化成长档案

运用大数据技术，建立集成化的学生行为大数据分析平台，对学生学习投入程度、学习资源利用率、日常行为、消费情况和突出表现等进行大数据分析，推动育人评价精准化、可视化、可量化，定期发布学生成长报告，实现学生成长过程及时记录、及时评价、及时反馈，推动学生管理质量不断提升。

4. 建立"学工育人"质量提升督导委员会

建立"学工育人"质量提升督导委员会，聘请热爱学生管理工作、有相关经验的退休干部、学生家长、企业和社会代表担任委员，全面督育、督学、督管、督建，建立家校社企融合共育的协同育人新机制，着力提高"学工育人"水平和质量，提升学生管理工作治理能力和治理现代化水平。

（五）把牢以学生为中心的发展思想，提升"新学工"的综合服务能力

1. 建成"智慧学工"系统

深入推进"互联网+学工"，实现现代管理技术和现代化管理机制的融合，围绕学校育人目标，依托云计算、大数据、智能化等先进技术，实现对学生个体的思想引领、事务管理和服务、素质拓展、能力提升、就业发

展、知识获取等各种需求做出智慧响应。

2. 推动心理育人从"问题干预"走向"教育发展"

建设二级心理辅导站，推动心理危机干预"前置化"，逐步强化硬件建设、提升队伍素质、健全工作机制、拓展活动载体，形成有学院专业特色的心理育人品牌；健全心理辅导委员选拔培训体系，建立"菜单式"培训新模式及督促激励相结合的考核评价体系，突出以点带面、榜样示范，充分发挥学生朋辈互助功效；大力推进社会工作介入心理健康教育模式改革，建好用好"思政社工心理融合育人平台"，分层次、分类别、有针对性地做好重点学生群体人文关怀和心理疏导，形成一批特色鲜明、影响力强、教育效果好的活动品牌，探索形成育人新模式。

3. 推动资助工作从解困型向发展型转型升级

进一步完善国家资助、学校奖助、社会捐助、学生自助"四位一体"资助体系，深化实施"六融同育"发展型资助育人项目，深入实施"丰翼"助学强能计划，加大对家庭经济困难学生职业素养能力培育力度，支持品学兼优的受助学生"走出去"开展社会实践和学习交流，提升职业核心竞争力。

（六）深入推进就业服务供给侧结构性改革，提升"新学工"的就业供给能力

1. 实施就业课程精心教授计划

强化职业生涯规划和就业指导课程体系建设，通过集体备课、专家听课、教师赛课等，不断提高授课教师基本功，着力提高课程质量，提升就业指导供给能力。将职业生涯规划大赛、职场模拟招聘大赛等就业类比赛的学生参与情况、学生获奖情况纳入授课教师及学院就业工作考核评价体系，反向提升就业指导效果。

2. 实施就业指导精细服务计划

贴近学生实际需要，开展"就业服务月""生涯规划节""职业体验日"等活动，分层分类构建就业指导服务体系，细化就业指导服务内容，建立就业指导服务清单，为学生提供全方位精心服务。引入职业生涯规划测评系统，帮助学生对职业性格、职业价值、职业能力、职业兴趣等进行系统、全面、深入的专业化测试，引导学生深入认识自我、把握优势、分析不足，明确职业方向。

3. 实施就业市场精准对接计划

相对固定辅导员所带学生专业，鼓励辅导员参与校企合作交流，做细

做实辅导员"下企业锻炼",使辅导员背靠行业、立足专业、促进就业、懂学生、懂行业、懂企业,深入了解学生就业需求,精准把握企业用人要求。强化与二级学院、专业的对接,鼓励二级学院主动对接就业市场、自主引入招聘单位,从举办"大而全"的大型招聘会向举办小型化、行业化、专业化招聘会转型,实现企业需求侧和教育供给侧的精准对接、有效匹配,促进学生高水平就业。支持毕业生到战略性新兴产业、现代服务业等领域就业创业,动员和鼓励毕业生投身基层、参军入伍,将专业对口率、创新创业率、学生满意度、用人单位满意度、职业发展与成长度等情况纳入毕业生就业质量考核指标。

（七）建好建强学生管理工作队伍,提升"新学工"的榜样引领能力

1. 实施"入职引航"计划

实施新任辅导员导师制,聘请优秀资深学生管理工作者担任辅导员导师,以经验传承、方法传授、日常指导为主旨,切实发挥"传、帮、带"作用,为新任辅导员答疑解惑,帮助新任辅导员迅速融入职业环境,适应工作压力挑战,提升岗位胜任能力,明晰职业生涯规划目标。

2. 实施"成长导航"计划

以任务需求、兴趣需求为导向,建设辅导员工作室,组建辅导员行动研究团队,定期开展学习交流和实践研究;邀请市内外学生管理工作专家、辅导员年度人物、优秀辅导员等来校授课,举办辅导员素质能力提升"一赛、一会、一讲堂"（素质能力大赛、"辅导员说"分享会、辅导员"善导讲堂"）等,通过"名师带骨干、骨干带成员"方式,引导辅导员共同探索职业路径、共享工作资源、分享工作经验,着力提升辅导员"六导"能力,以渐进式、阶梯式方式培育辅导员骨干和名师。

3. 实施"进阶护航"计划

一是大力培育辅导员队伍领军人物,支持辅导员在职攻读博士学位,推动构建高素质"双师"型辅导员队伍,力争产生"全市最美辅导员""辅导员年度人物"。二是组建校外兼职辅导员队伍,从企业聘任一批劳动模范、技术能手、大国工匠、道德楷模、一线专家、技术技能人才等担任校外兼职辅导员,把行业企业的最新发展成果和鲜活实践案例带进学校,促进大学生正确理解党的路线、方针、政策,深入了解党情、国情、社情、企情,更好地助力学生成长成才。

参考文献

[1] 朱泉明. 高职学生管理存在的问题及对策研究 [D]. 贵阳：贵州财经大学，2012.

[2] 朱思. 我国高职学生管理模式优化研究 [D]. 武汉：华中师范大学，2011.

[3] 杨丹. 浅谈高职院校学生教育管理策略 [J]. 中国成人教育，2013（5）：30-31.

[4] 陈笃彬. 泉州民办教育研究 [M]. 厦门：厦门大学出版社，2005.

[5] 张亮，丁德智. 试论新时代高校学生工作机制创新 [J]. 学校党建与思想教育，2020（16）：54-55，73.

[6] 范玉梅. 现代大学生素质教育与拓展及评估标准指导手册 [M]. 北京：人民教育出版社，2004.

[7] 漆旋. 工学结合模式下高职学生管理的问题和对策：以 D 高职院校为例 [D]. 南昌：江西科技师范大学，2019.

[8] 侯体湘. 高职学院学生管理工作的思考 [J]. 电力职业技术，2010（2）：77-79.

[9] 曹爱辉. 新形势下高校学生工作面临的挑战 [J]. 兰州大学学报，2000（S2）：245-247.

[10] 李雅君. 关于当前高校大学生管理问题分析及对策思考 [J]. 西藏民族学院学报，2004（4）：85-88.

[11] 李志宏，等. 中国高职高专学生必读[M]. 北京：人民邮电出版社，2003.

[12] 刘荣，翟勤. 高职学生管理的几点思考 [J]. 湖南农机，2010（1）：53-54.

[13] 刘萍. 高职学生管理之我见 [J]. 新课程，2010（2）：69-70.

[14] 牛志民. 高等职业教育的理论与实践[M]. 北京：北京燕山出版社，

2001.

[15] 彭建华，权红梅，李震岗. 对做好新时期高职学生教育管理的调查与思考 [J]. 西北成人教育学报，2010 (1)：20-21.

[16] 彭拴莲. 论培养跨世纪人才与加强和改进高校学生思想政治工作 [D]. 北京：北京大学，2007.

[17] 迟翔蓝. 基于自我决定动机理论的教师支持对大学生学习投入的影响机制研究 [D]. 天津：天津大学，2017.

[18] 田维义. 大学生思想道德建设实践与探索 [M]. 北京：中国传媒大学出版社，2005.

[19] 王大伟，曹晖. 高职大学生焦虑量表的编制 [J]. 济源职业技术学院学报，2009 (1)：67-72.

[20] 朱小麟，王益宇，王路. 上海市高职学生成就归因、自尊与学习倦怠关系的实证研究 [J]. 上海第二工业大学学报，2009，26 (1)：60-67.

[21] 王同奇. 论高校育人环境建设 [D]. 北京：北京大学，2008.

[22] 吴成浩. 学生管理百科全书 [M]. 北京：当代中国音像出版社，2003.

[23] 杨东平. 大学精神（上、下）[M]. 沈阳：辽海出版社，2000.

[24] 杨飒飒. 高校学生管理法治化的重要性及对策 [M]. 南宁：广西教育出版社，2004.

[25] 严峰. 中国大学文化研究 [D]. 上海：复旦大学，2009.

[26] 远雅彬. 对高校学生管理工作的探索 [M]. 乌鲁木齐：新疆教育出版社，2006.

[27] 季芳. 高职大学生教育管理模式创新与实践：评《高职院校学生教育管理创新研究》[J]. 化学教育，2020 (8)：113.

[28] 黄靖嫦. 以人为本视角下高职院校学生管理工作研究 [D]. 湘潭：湘潭大学，2015.

[29] 曾茜. 创新高校学生管理中的辅导员工作初探 [J]. 教育与教学研究，2010，24 (1)：63-65，95.

[30] 宋宇. 高职院校学生管理模式创新研究[D]. 合肥：安徽大学，2014.

[31] 德国职业教育 [EB/OL]. https://baike.baidu.com/item/%E5%BE%B7%E5%9B%BD%E8%81%8C%E4%B8%9A%E6%95%99%E8%82%B2/6475901? fr=aladdin.

[32] 新中国70年职业教育改革发展历程[EB/OL]. http://www.moe. gov.cn/jyb_xwfb/s5147/201909/t20190927_401296.html.

[33] 孙灯勇. 教师自主支持和班级目标结构对学生学习情感与投入影响的研究 [J]. 教育理论与实践, 2016, 36 (23): 15-17.

[34] 黄瑞. 关于高职经管类专业学生特点的调查 [J]. 职业教育研究, 2012 (8): 37-38.

[35] 王晓楠. 高职经管类专业学生核心素养培养思考 [J]. 才智, 2020 (5): 19-21.

[36] 皮菊云, 袁华. 高职经管类专业学生学习能力提升 [J]. 今日财富, 2017 (16): 191-192.

[37] 陈春林. 安全知识读本 [M]. 杭州: 浙江大学出版社, 2013.

[38] 大学生网贷到底该如何防范[EB/OL]. http://learning.sohu.com/ 20161013/n470167101.shtml.

[39] 汪建春, 张义河. 高校安全教育读本 [M]. 上海: 上海交通大学出版社, 2017.

[40] 胡今天. 网络贷款的主要模式、特点及风险分析 [J]. 当代经济, 2014 (14): 108-110.

[41] 王立杰. 职业学校安全管理案例汇编[M]. 北京: 机械工业出版社, 2017.

[42] 江德明. 高校安全教育读本 [M]. 上海: 上海交通大学出版社, 2017.

[43] 李静, 唐丽, 徐颖. 女大学生成长管理 [M]. 重庆: 重庆大学出版社, 2017.